体验经济背景下文化创意产品设计的研究与实践

龙舟君 著

北京工业大学出版社

图书在版编目（CIP）数据

体验经济背景下文化创意产品设计的研究与实践 / 龙舟君著． — 北京：北京工业大学出版社，2020.6（2021.10重印）
ISBN 978-7-5639-7507-5

Ⅰ．①体… Ⅱ．①龙… Ⅲ．①文化产品－产品设计－研究 Ⅳ．①G124

中国版本图书馆CIP数据核字（2020）第122551号

体验经济背景下文化创意产品设计的研究与实践
TIYAN JINGJI BEIJING XIA WENHUA CHUANGYI CHANPIN SHEJI DE YANJIU YU SHIJIAN

| 著　　者：龙舟君
| 责任编辑：邓梅菡
| 封面设计：点墨轩阁
| 出版发行：北京工业大学出版社
| 　　　　　（北京市朝阳区平乐园100号　邮编：100124）
| 　　　　　010-67391722（传真）　　bgdcbs@sina.com
| 经销单位：全国各地新华书店
| 承印单位：三河市嵩川印刷有限公司
| 开　　本：710毫米×1000毫米　1/16
| 印　　张：12
| 字　　数：240千字
| 版　　次：2020年6月第1版
| 印　　次：2021年10月第2次印刷
| 标准书号：ISBN 978-7-5639-7507-5
| 定　　价：58.00元

版权所有　　翻印必究

（如发现印装质量问题，请寄本社发行部调换 010-67391106）

前　言

随着经济的发展和社会的进步，现有的经济形态已经发生了改变，继农业经济、工业经济、服务经济之后体验经济悄然而至，它已经拉开了新的经济发展的序幕，将为消费者带来多方面的体验。体验经济时代，顾客体验成了现代营销和设计的重要依据。

在国民经济快速发展的大背景下，人们的生活水平不断提高，当物质需求得到基本满足之后，对精神方面的要求也在不断地提高，而创意文化产业是一个国家或地区的综合软实力的体现，虽然其在我国的起步比西方发达国家较晚，但是却有非常广阔的发展前景。与传统意义上的普通产品相比，植入了文化、创意、科技等元素的文化创意产品能够更好地满足体验经济时代背景下，人们日益增长的物质文化需求，为人们带来各种前所未有的全新体验。目前，文化创意产业下的文化创意产品设计已经成为企业关注的重点，在体验经济背景下，企业更需要抓住经济形态转变的机遇，设计生产出满足当前市场需求的产品。

本书首先介绍了文化创意产品的概念、特征、构成要素、创意方法与过程以及文化创意产品设计基本理论知识，其次介绍了体验经济的相关理论及体验经济背景下的文化创意产品设计，随后介绍了基于用户体验的文化创意产品设计知识，重点介绍了体验经济背景下的非物质文化遗产创意产品设计与博物馆文化创意产品设计，最后介绍了体验经济背景下文化创意产品的设计反思情况。期望能够为我国的文化创意产品设计的发展提供参考，推动我国文化创意产业的发展。

由于时间仓促，加之作者精力有限，书中的不足之处在所难免，望广大读者给予批评指正。

目 录

第一章　文化创意产品解读 ... 1
　　第一节　何谓文化创意产品 ... 1
　　第二节　文化创意产品的构成要素 ... 5
　　第三节　文化创意产品的创意方法与过程 ... 10

第二章　文化创意产品设计基本理论 ... 17
　　第一节　文化与设计文化 ... 17
　　第二节　产品创意设计与文化 ... 21
　　第三节　产品创意设计文化内涵的创造 ... 29
　　第四节　面向未来的产品创意设计 ... 32

第三章　体验经济与文化创意产品设计 ... 35
　　第一节　体验经济的基础理论 ... 35
　　第二节　体验经济与文化创意产品设计 ... 49

第四章　基于用户体验的文化创意产品设计 ... 69
　　第一节　用户体验与文化创意产品 ... 69
　　第二节　用户体验与文化创意产品设计之间的联系 ... 76
　　第三节　基于用户体验的文化创意产品设计 ... 83

第五章　体验经济背景下非物质文化遗产创意产品设计 ... 97
　　第一节　非物质文化遗产 ... 97
　　第二节　非物质文化遗产创意产品设计核心理念 ... 107
　　第三节　非物质文化遗产创意产品设计方法 ... 118

第六章　体验经济背景下博物馆文化创意产品设计 ………… 129
第一节　博物馆文化创意产品的基本理论 ………… 129
第二节　博物馆文化创意产品的设计原则 ………… 137
第三节　博物馆文化创意产品的设计方法 ………… 149
第四节　博物馆文化创意产品的设计流程 ………… 155

第七章　体验经济背景下文化创意产品的设计反思 ………… 161
第一节　文化创意产品设计的现状分析 ………… 161
第二节　文化创意产品设计的创新与反思 ………… 169

参考文献 ………… 183

第一章 文化创意产品解读

第一节 何谓文化创意产品

一、文化创意产品产生的背景

要理解文化创意产品,首先需要对其产生的背景——文化创意产业有所了解。所谓文化创意产业,是指以创作、创造、创新为根本手段,以文化和创意为核心概念,突出"生产性服务业"的性质,强调依靠创新人才应用文化创意提高产品附加值的行业集群。通俗地讲,就是将源自文化的灵感、点子、才艺等应用于创意方法,结合现代科技设计生产出新的产品来满足消费者的需求所形成的产业集群。文化创意产业能够在当下得以迅猛发展的原因主要在于以下两点。

第一,随着欧美发达国家工业化的完成,社会物质生产极大满足了消费者的需求,人们的需求逐渐由物质、理性、生理层面向精神、感性、心理层面转换。诚如人本主义哲学家马斯洛所言,人的需求分为生理需求、安全需求、社交需求、尊重需求以及自我实现需求。而文化创意产业也正是在这样的背景下不失时机地为消费者创造文化创意产品来提供这种感性需求的体验和满足。

第二,19世纪60年代的反主流文化冲击带来大规模的社会运动,各式各样的亚文化、流行文化、社会思潮等风起云涌,给传统工业社会的审美、情趣、文化认知等带来了强大的冲击,社会开始重视差异与个性的解放,并鼓励发挥个人创造力。在这样的时代背景下,欧美国家的文化创意产业迅速崛起,以适应多元文化时代的到来。每个民族、国家都有自己独特的文化历史,别具民族特色的文化创意产品才能引导产业集群创新、提升产业素质和市场竞争能力。国家应大力投入支持本土文化创意产业的发展,才能免受其他文化创意产业浪潮的冲击。在欧美文化创意产品发展的带动之下，韩国、日本在发展文化创意产品方面也取得了巨大的成绩，逐渐扩大并形成了日、韩文化热。

在此背景之下，世界各国根据自身独特的自然物产、历史文化传统、社会文化价值等，为文化创意产业赋予了不同的内涵，从而呈现出不同的文化价值特征。

（一）英国

在英国，文化创意产业被表征为"创意产业"，突出"创意"这一核心概念，使其"保守绅士"的国家形象成功向"创意先锋"转型。

英国对创意产业的定义隐含着下面四层意思：第一，创意产业的主体是人而不是原材料或者机器，人的心智、技术、灵感是创意产业的主要资产；第二，创意产业的经济价值来自富有想象力的个人；第三，创意产业的成品并不是完全可触的实物，它也包括吸引我们、使我们感动和快乐的特定服务；第四，创意产业使知识产权与创新相结合，并带来创意产品与创意服务的结合、标新与立异的结合，使英国的文化创意产业在国际上具有标杆作用。

（二）美国

与英国沿用"创意产业"相比，美国采用的是"版权产业"。早在1990年，美国国际知识产权联盟已利用"版权产业"的概念来衡量这一特定产业对美国整体经济的贡献。美国国际知识产权联盟将版权产业分为四个部分：核心、部分、发行、版权关系。2004年采用由世界知识产业组织界定的四种版权产业分类：核心版权产业、交叉产业、部分版权产业、边缘支撑产业。美国的这种定义主要是对文化创意产业中的创意成果进行相关的保护，并使其能够获得相应的经济价值。

（三）北欧

丹麦、芬兰、冰岛、瑞典和挪威五国，通常被人们称为"北欧"。在长期的发展过程中，这五个国家的文化创意产品逐渐形成比较统一的、独具魅力的风格。贴近自然、传统手工艺、功能美学等文化特征成就了北欧的设计，在与"家"相关的主题设计中，北欧传统文化特征被体现得淋漓尽致。简洁、朴实的材料所营造的温暖氛围，其实体现的是对一种极端气候的自然反应和对自然的热爱。北欧五国地处偏远，交通不便，信息闭塞，长期以来形成自给自足的经济模式，使得高超的手工艺和以强调功能为主的设计理念得以完整保留。设计师们将这种简洁、朴实的风格和独特的材料文化渗透到人们生活的方方面面，形成了一种大众都能接受的具有实用价值的"简约主义"风格。进入信息时代后，更多的新材料与新技术也驱使设计师们尝试将传统与现代进行衔接，追求更具个性特征的北欧设计。

（四）意大利

意大利的文化创意产业强调的是为生产性企业服务，特别是为传统的手工业服务，从而创造出杰出的设计作品，如家具、灯具、服装、厨房用品和餐具等。意大利的设计之所以有如此重要的影响力，一方面是由于设计师们为意大利本土以及国际市场提供了高品质、尽如人意的生活用品，另一方面是由于这些产品并不仅仅是为日常生活所设计，除开功能和形式，它们总是包含了比功能还要多的意义。意大利悠久的历史文化使这个民族形成了对美和造型的敏锐感觉，同时，意大利的气候和自然风光激发了意大利人的创造力，他们那些看似漫不经心的发明都深深地根植于他们的传统之中。

（五）日本

无论20世纪的日本文化受西方文化影响有多么深刻，许多传统的日本美学概念依然传承到了现在，提供了一个与过去联结的纽带和一种强烈的文化沿袭感。这就使得日本虽然在工业化的道路上接受甚至超过了西方国家，但精神世界却保持着相对的独立性，表现出一种"和魂洋才"的交杂模式。因此，日本的文化创意产业有着自身的特点，分为内容产业、休闲产业和时尚产业三类。日本的动漫产业在日本的文化创意产业中发展得最为突出，这种发展模式也体现出了日本特有的民族文化，在以内容为主的动漫产业的带动之下，动漫周边产品产业也得到长足的发展，将日本文化创意从荧屏带到了消费者的身边，并形成了产业链。

（六）韩国

韩国以"资源有限，创意无限"来摆脱金融危机。于1998年提出"设计韩国"后，经过多年的实施，韩国的制造业有了长足的发展，出现了诸如三星、LG、现代等全球知名品牌制造企业，使得韩国从一个工业制造国家向创新设计国家转型。韩国在发展文化创意产业方面的成功经验特别值得我们学习，因为我国目前也面临着从"制造大国"向"创造大国"转型的局面。

（七）中国

我国的文化创意产业还没有在全国范围内得到认同，我国大批城市的创意产业发展薄弱，严重影响了我国创意产业的整体发展水平。我国具有丰富的文化资源，但由于缺乏好的创意，致使很多资源未被充分利用，与发达国家还有很大的差距，需要加强对文化创意产业的研究以及推广。

二、文化创意产品的分类及其内涵

文化创意产品在构思、生产制造、营销消费等方面都有自身的特征和规律，并且各个国家和地区有着自身经济生活的发展和人们需求的变化。因此，各国对文化创意产品的分类并不相同。在文化创意产业链上文化创意产品大致可分为以下三类：内容类文化创意产品、创意类文化创意产品和延伸类文化创意产品。

（一）内容类文化创意产品

内容类文化创意产品具有原创性、思想性、创新性的特点，包含了传统文化研究与创新、流行文化研究与创新、动画、电影、新闻出版、文艺演出等内容。这类文化创意产品作为内容产品存在，主要解决消费者需求的本质与核心内容，同时也成为创意类文化创意产品的创意源发点。

（二）创意类文化创意产品

创意类文化创意产品的主要特征是通过创意对文化进行转移，即通过具体设计创意将内容类文化产品或直接将传统文化及当代文化移植到产品中，消费者通过产品的拥有和使用获得对文化的消费体验，从而提升传统产品的附加值。

（三）延伸类文化创意产品

延伸类文化创意产品有非兼容性和非排他性的特征。这类产品包括商务服务、会展、文化设施等，能够提供体验文化的非物质性的过程和服务。这类文化创意产品使消费者在满足其精神需要的过程中附带获得利益和效用。

通过以上分析，本书所分析的文化创意产品是指具有设计艺术特征的文化创意产品。对于文化创意产品的理解可以分为三个层次：首先，它应该是一个产品，能够提供给市场销售，以供消费者消费以及提供给消费者相关的体验。其次，该产品的形式主要包括品质、式样、特征、商标及包装等，要符合消费者的审美需求，使其达到感观上的愉悦。最后，该产品能够提供一种"文化"属性，能够唤起一种记忆或是象征一种文化身份，这是纯精神上的归属和认同。而在文化创意产品三个层次的内涵中最重要、最具标志性的内涵就是产品的"文化"属性，它也是文化创意产品区别于传统产品的本质内涵。

三、文化创意产品的价值构成

文化创意产品的价值构成系统与一般商品有着很大的差异，文化创意产品的价值并不仅仅是由社会必要劳动时间、个别劳动时间或由购买者的需求和支付能力、价值效用等显性要素来决定的，而是由隐性价值和显性价值共同决定的。

文化创意产品的显性价值与一般商品并无二致，其独特性在于体现"文化"的隐性价值，这是文化创意产品价值中的核心部分。"文化"来源于特色的民族历史资源、人文底蕴和文化内容产业等，在文化创意产品的生产过程中，"文化"可以间接影响新产品的附加价值，所以，文化创意产品的隐性价值也是该产品的核心竞争力。传统产业依靠改变商品的功能来为消费者提供更高的使用价值，从而获得高利润。但是，文化创意产品是在满足消费者功能价值的基础上改变消费者的观念而获得利润。这些观念主要表现为信息价值、文化价值、体验价值等。比如，可口可乐用重金买下了哈利·波特的形象使用权，对于可口可乐的产品而言，这就被赋予了一层新的信息价值，消费者会认为魔法界的人们也要饮用可口可乐，或者说哈利·波特也要喝可口可乐，文化创意产品的信息价值也因此形成。同时，文化创意产品的价值也在其整个产业链中得以实现。J. K. 罗琳创造了《哈利·波特》，并由好莱坞将其拍成电影，就完成了内容类文化创意产品的创造，同时也完成了关于"魔法文化"的内容创造。依据这一创意源，将其注入传统产业中，创造了基于"魔法文化"方面的玩具、糖果、服饰等创意类文化产品，进而可以根据这一故事建立相关主题公园来促进英国旅游业等延伸类文化创意产品的发展，通过这一产业链各类文化创意产品获得相关的价值。而本书主要对创意类文化产品进行相关的解读和赏析，以使读者能够对文化创意经济时代的新商品形式有所理解，为我国文化创意产业的发展打下坚实的基础。

第二节 文化创意产品的构成要素

传统产品的设计理念发展支持一种高投入、大批量的生产方式，在现代传媒和广告的鼓动之下，有计划地废止成为一种"时尚"，物质产品沿着"原料—大规模生产—大众消费—报废"的轨迹生产。然而现代社会中的人在享受物质带来的快感和便利的同时，也产生了对回归传统、追求文化的质朴生活的向往。文化创意产品正是为满足该种需求而产生的，同时，要成为文化创意产品就必须具有文化、创意、体验、符号、审美等要素特征。

一、文化要素

文化对于每个人来讲似乎是个很熟悉的概念，比如儒家文化、玛雅文化、饮食文化、酒文化，甚至厕所文化、地铁文化等。文化似乎是一件万能的魔衣，任何生活琐事只要套上它就会显出庄严的法相。但文化对每个人来讲似乎又很陌生：我们不能像把握"苹果"这类物词一样来把握文化，因为文化在这个世界上找不到它的对应物；我们也不能罗列一些"性质"词来描述它的属性，尽管西安的兵马俑、北京的紫禁城、巴黎的罗浮宫、中国的筷子、西方的刀叉等都属于文化，但是文化也不是个集合名词，如果那样，文化便成为一个人类历史所创造的一切事物的杂货铺。在英文中，文化表达为"culture"，本义是培育、种植的意思，暗指脱离原始状态。而在中文中，文化则是指"人文教化"，更侧重于用共同的语言文字来规范群体的精神活动和物质活动，将其进行传承、传播并得到认同的过程。如上所述，文化实际上主要包括器物、制度和观念三个层面。而文化创意产品正是通过器物来体现制度和观念，文化创意产品是对现代主义设计和产品发展到极致进而形成千篇一律的国际风格的一种反对。产品的国际风格使得整个世界呈现高度的一致性，世界各地区固有的文化以及生活方式正在逐渐消失。而地域文化及人们的生活方式是经过长时间的积淀形成的特定产物，是一种"记忆"和"文脉"，它们开始受到各地区的高度重视，人们重新审视世界文化与地域文化的关系，更多地关注本社会、本民族的社会文化意义，并将其注入产品之中，从而在器物层面上引起对过去生活方式的一种记忆。

文化创意产品中的文化要素主要包含两个维度。其一是纵向的历史性文化延续，历史性文化即所谓的文脉，英文即context，原意指文学中的"上下文"。在语言学中，该词被称作"语境"，就是使用语言的此情此景与前言后语。更广泛的意义，引申为一事物在时间上与其他事物的关系。在设计中，刘先觉先生将其译作"文脉"，更多的应理解为文化上的脉络，强调文化的承启关系。文化创意产品中的文化要素能够满足人们对于过往的追忆，从而使人得到心灵上的慰藉，这就如同当城市逐渐兴起，人们离开祖祖辈辈生活和耕耘的土地，住进单元公寓房。但是，人们没有忘记土地以及耕种的生活方式。在阳台上总会有几个花盆，费尽心思地弄来土壤，种上花草以及辣椒、黄瓜、丝瓜、小葱、大蒜等。这就是"种植文化"的残存，残留在人们的血脉之中，一有机会就会发芽。其二是横向的区域性文化传承。20世纪后半叶，很多设计研究机构及设计公司开始从社会学科中寻找信息和方法，以找到用户与产品的联系，使得产品能够传承特定区域的文化,能在产品中反映出特定区域相似的社会环境、文化背景、知识体系和生活经验等。

二、创意要素

如马克思所说:"各种经济时代的区别,不在于生产什么,而在于怎么样生产,用什么劳动资料生产。劳动资料不仅是人类劳动力发展的测量器,而且是劳动借以进行的社会关系的指示器。"当下的信息社会、知识经济以及文化产业意味着人类生产方式的一次革新,人类创造财富的方式从过去依靠体力劳动逐渐向依靠脑力劳动的新劳动方式转变,同时,将文化信息以及知识视为重要的新生产资料,并把人类的创意看作经济前进的主要动力之一。文化创意产品正是在这样的背景之下孕育而生的,因此创意成为其关键性要素。

创意在英文中表达为"creat"和"creativity",所对应的汉语意思为原创性的、创造一种新事物或提出相关的"点子""想法"和"理念"等。文化创意产品中的创意主要是指:依据文化进行创新思维的加工,设计和生产出满足消费者精神和文化需求的产品。所以,文化创意产品中的文化并不是对传统既有文化的一种照搬和简单的复制,而是通过一定的经济意识对传统物质文化和精神文化进行再创造,从而适应现代人们的生活方式和审美情趣。

文化创意产品正是通过创意将文化要素融入功能与实用性中,成为可供使用和欣赏的产品。这里的创意与产品设计中的创意有所区别,它更侧重于文化的创意。文化创意产品的创意不单是满足产品的实用功能,更多的是以巧妙的设计、创新、灵感将文化融入产品的感性形式及其使用过程之中,使得人们在紧张工作之余得以舒缓压力,增加工作和生活的乐趣。文化创意产品中的创意并非凭空产生的,而是有其具体的来源的。其主要来源有以下三个方面。

第一,来自对生活的关怀和理解。对生活的关怀和理解包含亲身经历或个人感悟,或是对美好生活的想象,还有的是听别人叙述的故事、浏览的网页等,都会为文化创意产品的创意注入新鲜的养料。

第二,来自对社会的认知和理解。社会是由具体的个人组成的,社会也会以共同的价值观、流行风尚或者一种固定印象影响到每一个人。每一个人对于文化创意产品的选择无疑标榜了一种价值态度和社会阶层定位。因此,文化创意产品的创意必须建立在人们对价值态度和社会阶层的洞悉的基础之上。

第三,来自历史的、地域的文化,表现为一种有关自然地理、风土人情的文脉,抑或是更进一步的精神层面的信仰、神话、传说等。

三、体验要素

文化创意产品除了具有有形的价值以外，还具有无形的体验价值。它如同一幅油画一样，除了能够让观者产生视觉上的愉悦，还能让观者获得某种体验性心理感受。这种体验性心理感受依据每个人的经历不同而有所不同，因此，它具有潜在性和不确定性的特点。正是因为这种潜在性和不确定性增加了文化创意产品的魅力。

所谓体验，英文表达为"experience"，意指出于好奇而体验事物，感悟人生，并留下印象。这种心理感受能使我们感受到现实中的真实，并在大脑中浮现出深刻的影像，促使我们回忆起深刻的生命瞬间，从而对未来有所感悟。具体到文化创意产品是指用户在使用产品过程中建立起来的纯主观感受，其主要体现在以下四个方面。

第一，视觉冲击。视觉冲击是激发文化创意产品体验要素的首要环节。现今的设计越来越强调逻辑、科学和抽象的造型叙事表达，却忘记了通过视觉冲击来刺激大脑皮层，从而引发联想，促使相关的体验产生。

第二，功能自然。对于自然物而言，功能是与生俱来的，如水的功能存在于其本质的流动性和液态的天然属性，树叶的功能在于其具有叶绿素从而能进行光合作用。而文化创意产品的功能是一种师法自然，以人在自然界中天然的"人—物"关系为基点来展开文化的衔接和形式的生成。比如，在自然界中人有坐的需求，所对应的产品有千差万别的坐具，如凳、椅、沙发等，但无论哪一种坐具都应该考虑到人自然放松坐的状态，从而昭示出自然坐的体验。

第三，方式合理。文化创意产品的使用方式是沟通产品和使用者的纽带，方式合理主要体现在要让人们能够读懂产品的操作方式，要和习惯性认识形成一种文脉联系，以便勾起对过往美好经历的回忆。

第四，内容切合。文化创意产品所附加的文化性内容通过叙事性的设计手法在产品的"移情"中得以实现，达到"抒情的创造和写意的表达"。同时，文化创意产品所附加的文化需要和产品的功能以及使用环境的文脉相切合，使体验能够得到顺利的展开和生长。

四、符号要素

象征是人类独有的行为，主要指用具体的事物来表示某种抽象的概念或思想感情的行为，它通过使用象征符号来实现象征意义的表达。创造符号是人类与动物的重要区别之一，正如卡西尔所说："人是符号的动物。"特别是在人类进入大众传播时代以后，以报纸、杂志、广播、电视、网络等为代表的现代大众传媒，运用先进的传播技术和产业化的手段，每时每刻向人们进行大规模的信息生产和传播活动，使我们的生活环境到处都充满着象征性符号，比如某人穿一身蜘蛛侠的衣服，这套服装不仅有蔽体保暖的功能，更重要的是它能表明着装者对于该电影的态度。

在现代传媒的推动之下，产品的符号意义往往比操作、性能等产品本身相关的内容更需要设计师去揣摩和挖掘，文化创意产品之所以能被冠以文化，也是因为其应用产品的造型来表达一种文化内涵，从而使该产品成为承载该种文化的符号。

人与人之间的交流是通过语言、眼神、手势等来完成的，物与人之间的沟通是通过符号产生的。人们在创造产品功能的同时，也赋予了它一定的形态。而形态可以表现出一定的性格，就如同它有了生命力。人们在使用产品的过程中，会得到各种信息，产生直观的心理感受及生理的反应。而文化创意产品正是利用各种创意方法来创造产品形态和产品的使用环境传达出一种文化。文化创意产品的符号性能够表达出以下三个方面的文化意义。

第一，对于流行审美文化的符号表达。消费者通过文化创意产品的造型特征形成感性认识，从而产生相对应的知觉和情绪。在相同地域的同一时期，人们对于美丽、稳重、轻巧、柔和、自然、圆润、趣味、高雅、简洁、新奇、女性化、高科技感、活泼感等流行审美文化有着相同的理解。消费者的这种感觉和情绪也会随着社会文化的改变而变化，比如，苹果公司的G3、G4、G5电脑的形态、色彩和材料质感的改变，正是抓住了这样的一种趋势。再如，当通用汽车以彩色轿车取代了福特的黑色轿车，当人们看到满街色彩缤纷的轿车疾驰的时候，就会想拥有一辆黑色的轿车，这是否更能体现这种变化的微妙之处呢？

第二，对于消费者自身文化符号认同的表达。这种自身文化符号认同的选择受到消费者自身学识、修养、品位等的影响，表现为一定的生活品位、思想水平和艺术鉴赏能力。而文化创意产品正是借助其与环境相互作用之后产生的特定含义来满足消费者对于流行时尚、社会价值观或者某种固定印象的追求。

第三，对于历史文化、流行文化或是某种特定文化的符号表达。文化创意产品通过自身的叙事抒情表达特定的情感、文化感受、社会意义、历史文化意义，或者仪式、风俗等文化和意识形态相关的意义。文化创意产品的这些内涵通过图腾、吉祥物、标志、特定图案等组合进行表达。

五、审美要素

"美"可能是指一种感官的愉悦或生理的满足，也可能是一种赞赏心态的流露或个人趣味的偏好。而文化创意产品的审美更侧重于后者，是人们物质生活水平达到一定高度之后，人类有目的有意识地对"真、善、美"的追求。这种追求以"感性"作为中介，脱离了那种基于物质与利害关系的理性判断，从而真正回归到关于生活意义和生命价值的自我意识的彰显。

文化创意产品的审美要素主要包含以下三个方面。

第一，形式艺术美。文化创意产品的审美离不开感性因素，点、线、体、色彩等构成了文化创意产品的形式，这些形式构成关系的艺术性能够与观者内心深处的节奏、韵律、比例、尺度、对称、均衡、对比、协调、变化、统一等形成一种同构关系，这种直观感受与内心情感的同构产生移情，从而与消费者的趣味与审美理想相融合。

第二，功能材料美。文化创意产品的审美离不开功能材料的合目的性，诚如罗兰·巴特评价埃菲尔铁塔的功能与材料时说道："功能美不存在于一种功能良好结果的感受之中，而存在于在产生结果之前的某一时刻被我们所领会的功能本身的表现之中，领会一部机器或一种建筑的功能美，便是使时间暂时停止和延迟使用，以便凝视其造术。"文化创意产品的功能材料美是产品给人的舒适感和心理满足，这里的功能材料美就与产品的功能实用性等物质层面相区别，是一种审美价值的表现。

第三，文化生态美。文化生态美不只是表现出人与自然的和谐，更体现着生活方式以及社会生活的脉络与系统。文化创意产品的文化生态美主要植根于人们对于传统的一种向往，比如工业社会给人们带来的高速、效率以及身心的疲惫，使人们希望能够实现对传统田园牧歌的回归，在审美的状态中回归人类的精神家园。

第三节　文化创意产品的创意方法与过程

在全球经济一体化、知识经济大发展的浪潮下，国际的商品贸易竞争日益激烈，这种竞争逐渐由单纯的技术领先、价格优势等因素，转换为经济、社会、文化等综合因素的竞争。文化创意产品正是以"文化"为核心，突出对文化进行深加工并通过"创意"与现今的生活方式相结合，从而满足人们高层次的需求，达到在国际商品竞争中制胜的目的。我国具有丰富的文化资源，如何将这些资源转换为极具竞争力的文化创意商品，这就需要利用创意方法并经由一定的过程才能得以实现。

一、创意方法

"创意"是现今最为流行的话语之一，用来形容个体时侧重于思维方式和个人能力，用来形容企业时侧重于其产品和核心竞争力，用来形容一个国家时侧重于文化与精神的延伸。而创造文化创意产品不能只是靠一些口号或者设计师灵感的闪现，而需要具体的创新方法，具体体现为以下五种。

（一）头脑风暴法

美国创造学家亚历克斯·奥斯本于1901年最早提出该创造技法，又称脑轰法、智力激励法、激智法、奥斯本智暴法，是一种发挥群体智慧的方法。"头脑风暴法"必须明确而具体地列出思考的课题，同时在主持人的召集下，由数人至数十人构成一个集体，这些成员由专业范围较广泛的互补型人才组成。就文化创意产品而言，一般包含的人员有：文化类人才、创意类人才、营销类人才、生产制造类人才等。例如，所委托的项目是开发一款关于三峡的文化旅游纪念品。主持人一开始仅提出"纪念"这一简单抽象的词汇，组员们进行讨论并提出意见，如"拍张照片""收藏当地的特色产品""在当地完成相关体验并留在记忆中"……然后主持人给出主题——开发一款关于三峡的文化旅游纪念品。组员们根据上面发散出来的想法，继续得出设计概念。如"收藏当地的特色产品"的想法就可以发散出：用三峡的鹅卵石通过手绘的方式，描绘三峡特有的风景；用三峡石制作三峡大坝的等比缩小模型；用三峡地域传统图案装饰具有实用功能的物品，如筷子、钱包、打火机、U盘等。通过头脑风暴法得到的设计概念能够为具体的产品开发和造型提供相关的创意方向。

（二）联想法

联想法是一种依据相似、接近、对比等联系思维来进行创造的方法。比如当你感受到中国文化时，就会联想到诸如唐诗宋词、书法、文房四宝、神话信仰、茶道、自然地理、传统工艺等。这种方法很多时候需要依靠设计师的经验和直觉，但在文化创意产品的具体创作中更为直接的方法是兼具相似、接近、对比联想的直角坐标组合联想法，这种方法是将两种不同的事物分别写在一个直角坐标的X轴和Y轴上，然后通过联想将其组合在一起，如果它是有意义并为人们所接受的，那么它将成为一件新产品。例如，要创意一款反映中国传统文化的文化创意产品，就可以在 X 轴上写上青花文化、茶道文化、戏曲文化、神话传说、礼仪文化等；在 Y 轴上写上饰品、灯具、电子产品、玩具、生活用品、办公用品等。如果二者已经结合或者不太可能实现结合则用灰色表示，如果可以结合且市场上还没有此类产品则用红色表示，如果可以结合但实现较难则用深蓝色表示，这样就能一目了然地看出创意的可能方向，从而促进文化创意产品的创造过程。

（三）移植法

移植法发源于工程技术领域，是指将某一领域里成功的科技原理、方法、发明成果等，应用到另一领域中去的创新技法。例如，鲁班发现带齿的茅草割破了皮肤而发明了锯子；美国发明家 W. L. 贾德森所发明的应用于衣、裤、鞋、帽、裙、睡袋、公文包、文具盒、钱包、沙发垫等的拉链，还有目前应用于病人刀口的缝合的拉链，为需要二次手术的病人减少痛苦。

文化创意产品创意中的移植法并不是一个科技原理的移植，而是一种情趣、意象、情感等感性成分的移植。比如，设计师都对可爱文化有所理解，然后应用色彩、造型以及材质将这种情感或是意象转移到具体的产品上，让使用产品的消费者同样也产生这样的感觉。

（四）设问法

设问法主要针对已存在的文化创意产品提出各种问题，通过提问发现原产品创意以及设计方面的不足之处，找出需要和应该改进的地方，从而开发出新的文化创意产品。设问法主要有"5W2H 法""奥斯本设问法""阿诺尔特提问法"等。在文化创意产品设计当中比较常用的是"5W2H 法"。

"5W2H 法"是从七个方面进行设问。因为七个方面的英文首字母正好是 5 个 W 和 2 个 H，故而得名。即：Why——为什么要革新？What——革新的具体对象是什么？Where——从哪些方面着手改进？Who——组织什么人来承担？When——什么时候进行？How——怎样实施？How much——达到什么程度？同时，"5W2H 法"同样可以作为创新产品的设计方法，只是所思索和追问的问题有所不同，其字母的具体含义也不一样。

在创新设计中其含义为：Why——为什么要进行这个设计？Who——什么人使用？When——什么时候使用？Where——在什么地方使用？What——什么产品或者服务？How——如何使用？How much——产品或者服务的价格。对于这七个问题的不断思索和回答的过程就是新产品概念不断形成的过程。

（五）模仿创造技法

模仿创造技法是指人们对自然界各种事物、事物发生过程、现象等进行模拟和科学类比（相似、相关性）而得到新成果的方法。所谓"模拟"，就是异类事物间某些相似的恰当比拟，是动词性的词。所谓"相似"，是指各类事物间某些共性的客观存在，是名词性的词。人的创造源于模仿，大自然是物质的世界、形状的天地，自然界的无穷信息传递给人类，启发了人的智慧和才能。对于要体现历史、地理、传统习俗等文化内涵的文化创意产品，常常采用模仿的方式来进行形体的塑造。

二、创意过程

当我们接受一个新的文化创意产品的设计项目时，我们首先要考虑的是文化创意产品的概念问题，通常情况下我们将开发新产品的概念分为：文化产业衍生产品、文化生活用品、传统工艺品与饰品、时尚产品等。针对不同的产品，我们将采用不同的设计策略和方法，但是文化创意产品的创意过程是一致的，一般包含以下三个步骤。

（一）认识问题 明确目标

在文化创意产品设计工作中，通常会遇到这样的情况，随着设计的开展与深入，大量的信息和问题就会随之而来，这些问题让你无从下手。所以，我们必须在设计一开始，就要弄清楚创意产品存在的问题以及问题的组成和结构。

要弄清楚上述问题，必须将其放置于"人—产品—文化—环境"这一系统中，在这个系统中主要涉及人的文化与审美需求，产品如何承载文化，以及承载什么样的文化。而系统中的"环境"主要包含产品系统环境以及社会人文环境，只有在这个系统之内考虑文化创意产品的设计，才能完全确定设计问题的存在形式，进而明确设计目标。

（二）设计研究 分析问题

通过设计研究、分析问题，设计市场所需要的文化创意产品，是每个设计者都清楚的流程。设计活动不是封闭的自我包含的活动，而是在市场竞争中，由设计师在综合人、市场竞争产品机能、审美、社会文化等诸因素进行编码，然后在市场销售中由消费者进行解码的符号性活动。而对于文化的编码必须站在消费者认知的角度进行，所以要应用创意方法将文化的内涵与当代的生活方式、审美情趣、文化心态结合到一起。

设计的成功与否，关键在于设计师的编码和消费者的解码过程是否同一，如果消费者能够在文化心态和审美趣味等方面认同产品，那么说明这个设计是成功的，反之则是失败的。要使设计取得成功，就必须站在消费者的角度对文化创意产品的诸要素进行分析，力求将设计中将要涉及的问题分析透彻，做到心中有数。

（三）概念展开 设计构思

在设计研究和分析问题的基础上，设计师会针对存在的问题，提出解决问题的各种设想，这种提出解决问题设想的过程就是设计想法产生的过程，设计师对设计进行构思的想法越多，获得好的文化创意产品的可能性也就越大。在设计过程中设计师往往借用一定的创意方法，利用草图展开自己的设计构思。

利用草图进行形象和结构的推敲，将思考的过程表达出来，以便设计师之间的交流及后续的构思再推敲和再构思。草图更加偏重于思考过程，一个形态的过渡和一个小小的结构往往都要经过一系列的构思和推敲。而这种推敲单靠抽象的思维往往是不够的，还要通过一系列的画面辅助思考。草图的表达大都是片段式的，显得轻松而随意。但是就文化创意产品设计而言，构思需要图解为三个层次，即创意概念构思、象征符号构思和感性审美构思。

1. 创意概念构思

从整体的角度检视轮廓、姿势及被强调的部分，主要是看对于所理解的"文化"是否通过色彩、形体、线条等得以表现；通过用创意方法，"文化"与当下"生活方式"是否得到了很好的结合；在设计研究阶段所遇到的设计问题是不是得到良好的解决。如果对于以上问题的回答都是肯定的，那么该设计方案就对设计概念进行了很好的诠释。

2. 象征符号构思

在创意概念的基础上，对设计所采用的具体设计元素进行符号化的加工，站在消费者对符号解读的基础上，进行符号设计的创造并融于创意概念之中，具体而言就是审视立体的成分与面的构造来决定物体的特征性及图样，表现出体量感，以便进行细致的构思推敲。

3. 感性审美构思

最后一步是对文化产品的视觉方面进行处理，应用形式美的法则和审美流行趋势对表面的精致线条、配色、质感等进行处理，精心处理产品的细部，展现设计创意的魅力，使整体达到最佳的效果。

三、设计创意的展示与模型制作

（一）设计展示　设计评价

一个设计项目在经过了概念展开和设计构思之后就是对设计进行展示，设计展示是要将一个完整的设计呈现在大众的面前，要能够充分展示设计创意。而设计评价是指在设计过程中，对解决设计问题的方案进行比较、评定，由此确定各方案的价值，判断其优劣，以便筛选出最佳设计方案。设计评价的意义在于：首先，通过设计评价能有效地保证设计的质量，充分、科学的设计评价使我们能在众多的设计方案中筛选出满足目标要求的最佳方案；其次，适当的设计评价能减少设计中的盲目性，提高设计的效率。文化创意产品设计中的设计评价有三个特点。

1. 评价项目的多样性

文化创意产品设计涉及的领域极广，考虑的因素非常多，较之一般产品设计更复杂。因此，在设计评价的项目中，必然要包含更多的内容，涉及更多的方面，特别是对于文化性、创意性、体验性、符号性、审美性等指标要重点考虑。

2. 评价判断的直觉性

由于文化创意产品设计评价项目中包含许多审美性精神或感性内容，在评价中在较大程度上依靠直觉判断，即直觉性评价的特点较为突出。

3. 评价结果的相对性

正是由于评价中的直觉判断较多，感性和个人经验的成分较大，文化创意产品设计的评价结果就较多地受个人主观因素的影响，特别是评价者自身的文化背景和价值取向很容易影响评价的结果，评价结果更具相对性，这是值得重视的。

在通常情况下，我们可以根据多个个人评价的数值形成坐标进行分析和评估。评定标准中的每一项满分为 5 分，围成的面积越大则该方案的综合评定指数就越高。

（二）模型制作　生产准备

模型的制作在形态上要求有真实产品的效果，因此产品各部分的细节要表现得非常充分，这样也便于设计师能更有效地在产品细部方面做进一步推敲与修改，有利于设计概念的进一步完善，同时为后续的数字模型的生成提供参考，以便最终投入实际的生产。当然，有些纯手工制作的文化创意产品是不需要这一步的，而是在创意定稿以后直接进行生产。

第二章 文化创意产品设计基本理论

第一节 文化与设计文化

一、文化

文化是人类在生活和生产实践中所创造的一切器物、语言、行为、组织、观念、信仰、知识、艺术等方面的总和。英国人类学家泰勒指出:"文化或文明,就其广泛的民族学意义来说,是包括知识、信仰、艺术、道德、法律、习俗或任何人作为一名社会成员而获得的能力和习惯在内的复杂整体。"苏联学者卡冈则从马克思主义哲学原理出发提出:"文化是人类活动的各种方式和产品的总和,包括物质生产、精神生产和艺术生产的范围,即包括社会的人的能动性形式的全部丰富性。"

在人类的进化中,学会劳动、学会利用自然的现有条件,有意识地为自身生存而改造自然,就是"文化"积累的过程。在这个过程中,人类经历了有意识地选择、随机创造、有意识地改造三个阶段。人类在自然界中选择适合自己需要的物体,是人类造物意识的萌芽,而这种无意识的"发现"与"选择"逐渐培养了人类的审美选择意识,为设计意义上的造物活动奠定了基础。人类从"选物"起,就使活动有了目的性,也就开始了人类创造"文化"的历程。

在人类的社会生活中,从衣食住行到人际交往,从风土习俗到社会体制,从科技到文艺,都是文化现象。"文化"一词在西方源于拉丁文"Culture",原意是对土地的耕、植,后来又引申为对人的身体与精神的培育。这就把文化与改造自然和人自身的培育联系起来了。在中国,"文化"一词最古老的含义是"文治教化",《周易》中有"观乎天文,以察时变;观乎人文,以化成天下"的说法,其中的"人文、化成"便是"文化"一词的由来。文化是人的创造物,体现了人的本质力量。任何文化活动都是人的活动,从而也是围绕人的活动,所以人不仅是文化的主体,也是文化的目的。文化的发展总是以满足人的需要和促进人的全面发展为目标。

人类通过社会实践活动创造了文化。文化是人类物质财富和精神财富的总和,是人类世界与自然界相区别的本质因素。自然界的一切物质只有经过人的加工、改造和创造,才能成为人的社会对象,才构成文化现象。从现象的角度来说,文化存在的形式和状态,既可能是物质的,也可能是精神的,其本质的特征在于人类创造物的新的内容和独特的形式,只有当人的活动和产物具有新的特质时才构成文化。

设计活动是一种综合性创造过程,它是以创造和实现物的新的内容、独特的形式为目标,以协调人的生产和生活为目的的文化活动,它把社会的、经济的和文化的进步有机地结合起来,凝结在物质形态的产品之中。产品创意设计作为技术与艺术的结合,它要以科技即智能文化为基础,以一定价值观的观念文化为导向,以艺术作为形式创造的手段,为人们的生活方式提供物质依托。因此,从文化的概念入手,才能掌握产品创意设计的文化内涵,从而使设计的产品具有足够的文化品位和审美内涵。根据文化的特点,文化通常划分为以下四种形态。

①物质文化。它是人类改造和利用自然对象的过程中取得的文化成果,集中反映出人与自然的关系,包括衣食住行等基本物质生活资料、为取得物质生活资料所需的生产资料、人的物质生产能力以及作为这种能力基础的科学、技术等。

②智能文化。它是人类在认识自然、改造自然和造物活动中所积累的科技生产经验,以及以技术为主体的智力形态和精神形态的知识。

③行为文化。它反映在人与人之间的各种社会关系以及人的生活方式上,是调整和控制社会环境所取得的成果,表现为社会的组织、制度、法律、习俗、道德和语言规范。

④观念文化,即精神层面的文化。它是在物质文化和行为文化基础上形成的,表现为人的意识形态中的价值观念、理论观念、审美观念、文学艺术、宗教道德等方面的精神成果。

在上述四种文化形态中,物质文化、智能文化与自然史的发展相联系,而行为文化和观念文化与人类史的发展相联系。设计以创造物质文明为表现形式,融合了智能文化、行为文化和观念文化的共同作用的内容,而构成了设计文化自身的特征。

由于生活的地域和环境条件的不同,不同民族会形成不同特色的文化。我国历史悠久、幅员辽阔,产生了不同地域和不同时期的文化,如齐鲁文化、巴蜀文化、楚文化、吴越文化、两广文化等。同时,不同的国家也具有不同特征的文化,如中国文化、希腊文化、埃及文化和印度文化等。文化上的差异和独特性,反映了人类文化的丰富性和多样性。

各种文化的构成方式称为文化模式。如中国人与西方人的饮食方式不同,形成了不同的饮食文化模式。文化模式的历史个性是人们长期适应一种文化模式而表现出来的心理、性格和行为特征,由此也形成特定的生活风格。民族风格和民族特色,包括艺术的、物质产品的风格特色,是民族文化模式的一种表现。

二、设计文化

设计的发展一直伴随着人类文明和文化的进步,设计是文化的载体,而且随着社会的发展,设计也不仅仅停留在技术层面,它的内涵也从物质生产领域上升到充满文化的创造领域,成为整个社会文化重要的组成部分。随着社会文明的不断提高,设计的文化内涵问题日益突出,设计必须融入文化因素才能得到持续的发展和进步。

设计作为人造物的活动,具有独特的文化品质。它是把人们文化和审美的需求转化为形态的过程。设计有其相对独立的文化形态,蕴含着深厚的思想观念、生活方式、行为方式,展现着人类优秀的文化气息和艺术魅力。

人通过文化的媒介取得生存和创造的自由,最终成为文化的人。设计作为人类生存与发展过程中的创造性活动,在本质上也是人类的一种文化活动。研究设计的文化性质、文化特征、文化构成与文化要素等,将揭示出人类设计活动的真正原动力。

设计的发展与哲学、文化有着密切的联系,它是哲学、文化向设计学科逐渐渗透的结果。要研究设计的本质、目的以及原则必须从哲学与文化等领域寻求最基本的答案。

由于产品创意设计涉及领域广泛,与自然科学、社会科学及人文科学有着广泛的交叉,如果我们能从文化视点的高度观察及分析产品创意设计,将有利于我们建立起系统设计的思想,全面地认识、理解产品创意设计的本质。

(一)设计文化的内涵

设计是人类带有目的性的物质活动,设计的目的首先是解决最基础的物质需求,满足人类"衣""食""住""行""用"等的需要。设计是人类用艺术方式创造物的文化，以创造和推动物质文化发展为最基本的表现形式。设计存在于广泛的物质创造过程之中，并以设计的物品所综合体现的时代和社会特征，所呈现出不同的风格和文化负载因素，构成了物质文化的特征。

设计也是人的精神性活动。在解决物质需求的基础上，设计活动倾注了人的情感与精神。在科学技术高度发达的今天，产品越来越丰富，人们对基本物质的需求已经得到满足，人们的生活方式及其需求开始发生不断的改变，提出"物"的精神功能的新要求。人们需要在产品中寄托个人和传统精神的内涵，展现出人们对产品审美的精神情趣。

（二）设计文化的特点

设计的目的性以及对美的形态的创造性使我们日常生活中所有的人造物都有强烈的设计特征，也因此使物的创造过程综合体现了时代和社会的特征，并产生了不同风格的物质文化。同时，设计有着协调物与人、物与社会、物与环境、物与物等多重关系的作用，这种"协调"也使设计过程参与并影响了物质文化的形成与发展。

1. 设计以文化为底蕴

设计的核心是人，它反映人们对产品物质功能和精神功能的追求，是产品的价值、使用价值和文化价值的统一。重视产品创意设计过程中的文化底蕴，重视产品文化附加值的开发是满足人们的物质生活及精神需要的根本保证。

设计本身就是造物活动，是文化创造的过程，具有文化内涵。优秀的设计必然扎根于民族文化的沃土中，具有民族性的特点，才能体现出世界性的意义。

2. 设计文化具有多样性

文化的本质是多样性的，各个国家、各个地区、各个民族由于不同文化因素的结合，都有自己独特的文化精神和文化特质。

在欧洲，人们追求以"神"为中心的宗教文化，伟大的建筑艺术是由宗教所推动的，古典教堂的入口高大、神秘、直指神秘的上苍，令人产生渺小的感觉。而在中国，人们则追求以"人"为中心，古代的建筑群以各层次的门来强化纵深空间，体现时间和历史的源远流长，感受生活和环境的和谐。这些都是由于东西方地理、气候、物产等的不同以及由此而形成的人的思维方式、信仰观念、审美方式的不同，进而形成的不同建筑风格。

即使在同一个国家中，也会由于不同的自然环境、特定的历史承袭及不同的人文特色，而形成特定的民族和地域文化的差异。例如，在我国北方农村，由于冬天天气严寒，时间跨度长，土炕就成了北方地区特有的生活道具。白天，人们在炕头盘腿而坐进行各项活动；晚上，炕又是人们休息的场所。而在我国南部沿海地区，由于四季炎热潮湿，凉席、竹椅、藤椅非常普及。其材料质轻且坚韧有弹性，舒服又清凉，独具南方特色。

文化的差异性铸就了设计的多样性，设计的多样性又进一步影响及强化着文化的差异性。不同区域的物与其他文化要素结合在一起，在生活的各个方面全面调节着人的兴趣、爱好、憎恶，影响人们的是非观、伦理观、审美观，从而促进了不同文化的发展。

3. 设计文化需要不断创新

20世纪以来，随着科学技术的快速发展，国际化成为世界的潮流，现代主义设计标榜标准化、简单化的原则，使得各民族、各地区丰富多彩的固有文化逐渐在产品的创意设计中丧失，产品的形态在批量生产的大环境下，都趋于国际化"轻薄短小"的标准模式，不同文化特质的差异性被忽略，设计日渐失去了丰富性。

然而，设计和文化一样需要从本土文化、族群文化或传统文化中吸取养分，赋予产品更多的象征意义，使设计更加多元化、个性化，以丰富人类的想象世界，恢复产品与文化断裂的关系。世界文化与地方文化的均衡是设计者必须关注的重要问题。在全球化的背景下，设计具有鲜明的文化特色是其参与市场竞争强有力的手段。所以重视不同文化的差异性，深入挖掘本民族的文化特质，进行设计文化的创新探索对设计发展特别重要。

第二节　产品创意设计与文化

一、产品创意设计

（一）产品设计

传统观念中的产品设计是以工程师为主，从技术的角度解决产品设计中的原理、结构、材料、工艺、力学以及机械传动设计、电气产品的电子线路设计等工程设计。但是，随着科学技术的发展以及人们物质生活水平的逐步提高，人们对现代产品除了物质需求以外，又增加了精神需求，这时传统的产品设计就无法满足人们的需求。于是就出现了现代产品设计的观念，即现代产品的设计是在工程技术的基础之上，对产品的形态、色彩、人机工程学、装饰等进行全面设计。

　　传统观念中的产品设计都属于工程技术设计的范畴，主要目的是解决产品系统中物与物之间的关系，通过工程设计引入新的技术，使产品的功能更加完善，结构更加合理，材料、工艺更能体现出产品的物质功能。而现代产品设计则主要是解决产品系统中人与物之间的关系，以"人"为中心。所有的设计都是以人的需要为出发点，选择合理的原理、合适的结构、优美的造型、时尚的色彩，同时使产品的操作符合人的生理、心理特征，为使用者提供安全、舒适、宜人的操作系统。比如，机床系统中的结构选型问题、操作舒适性问题、色彩宜人性问题，汽车系统中的外观造型问题、行驶安全性问题、乘坐舒适性问题等都是现代产品设计中最为关心的问题。

　　虽然现代产品设计也需要设计师处理产品形态、色彩等艺术的因素，但是工业设计与艺术家的创作活动有很大的差别。艺术家的活动是非常个性化的，是艺术家本人的意愿表现，他创作的作品基本不用考虑工程技术方面的因素，所以他可以不考虑市场需要，不理会工程技术所带来的限制因素。而工业设计师是为大多数人服务的职业，他设计的产品要为社会公众接受，因此，他既要了解市场，了解消费者的需求，又要懂得工程知识，使设计的产品能便于合理生产和加工，同时又满足消费者的物质和精神需求。

　　在现代产品设计中，工业设计师同工程技术人员有着密切的联系，也需要有美术家一样高水平的审美眼光和形态设计能力。但设计师与工程技术人员及美术家，都有很大的差别。工业设计师不但要有相当广泛的工程知识，还必须有美学鉴别能力，他的主要任务不在于工程方面，因为这方面自有工程技术的专家，他也不应该把自己视为艺术家，他的任务是设计出能满足工程技术和用户需要的各种产品，他的工作就是把工程技术和美学艺术有机地结合在一起，并最终以产品的形式体现出来。

　　现代产品的设计标准主要有两种，一种是以科学技术为主，注重产品的功能性和实用性，追求理性和定量的标准；另一种是以美学艺术为主，注重产品所反映出来的个人感受的精神性和艺术性，追求感性和非定量化的标准。理性代表的是客观现实，感性代表的是人类的精神。现代产品的设计就是同时兼顾两种标准，在设计中将科学与美学、技术与艺术有机地结合起来，从而创造出产品丰富的物质、精神以及文化的价值。

　　由于技术的飞速发展，产品的功能是如何实现的，常为一般消费者所不知，因为它常常被各式各样、五花八门的高新技术所掩盖。当人们看到高清晰度电视时，不会想到设计师在电视机设计时刻意追求人看电视时的满视野、追求人的左右耳能听到的立体层次感的音乐过程中付出了怎样的艰辛，而常只是被16∶9的大屏幕及超重低音音箱效果所吸引。当人们操作着遥控器时，往往情不自禁地赞叹红外控制技术带来的享受，却忘了给人们带来这种生活享受的策划者——设计师。

（二）产品创意设计概念

现代产品创意设计是一个复杂的过程，它涉及多种因素，具有独特的含义。

1. 现代产品创意设计具有综合性、整体性的特点

现代产品创意设计涉及的内容广泛、因素众多，从产品的功能设计到产品的人机工程学、色彩、材料、成形工艺、结构、表面涂饰等，设计过程必须考虑各种设计因素的协调，从整体上综合处理涉及现代产品设计的每一个环节，使现代产品发挥出最大的综合效用。

2. 现代产品创意设计代表现代产品发展的方向

现代产品设计既要符合大众的需求，又能代表产品未来发展的必然方向，这是产品创新设计的充分条件，衡量创新设计的唯一标准就是产品设计是否符合市场的需求。

在实际产品创意设计过程中，有些新设计的产品在进入市场后，市场反应不太好，更有甚者造成产品的严重积压。其主要原因是创新设计定位不准确，如创新设计过头、形式花哨、不够大方严谨、不够高雅、缺乏品味、太超前等。因此，现代产品的创新设计必须充分了解市场的需求，了解消费者的产品期待，以此为基础进行产品的创意构思，准确把握产品的发展方向，创造符合时代潮流，符合科学技术发展的崭新现代产品。

3. 现代产品创意设计的创新度与限制

现代产品创意设计的创新度是影响产品设计是否成功的关键因素。现代产品必须要经过商品化的环节才能提供给消费者必要的使用功能，而商品不同于艺术创作的作品，商品要面对诸多实际问题，首要的是人的需求以及消费心理问题。在不同的消费人群中，愿意接受新型产品的一般是年轻阶层，年轻人对新的东西比较敏感，同时年轻人对新东西的好恶感也十分鲜明，新产品一旦能被年轻阶层接受，这将影响与带动其他年龄层的消费者。创新设计要研究年轻人的需求，如果创新程度不足，年轻人不会喜欢，如果创新过度，设计超越产品的演变过程，离成熟产品设计太远，人们会因此对其缺乏自信的判断，也会难以接受这种创新。青年人群追求时尚的天性是指引产品创意设计的最好目标，

尤其是代表高新技术的电子类产品,更能反映产品创意设计的潮流。

现实产品创意设计中,还会遇到一些限制条件,制约了产品的创新,如某种尺寸的新型结构因材料强度不够而不能实现,某种新型效果因成形工艺限制而不能实施等。因此,产品的创意设计是以理智为基础,结合适度创新性构思的协调性选择过程。面对现实条件的创意设计是务实的创新设计,超越现实条件的创意设计是引导性创新设计。

设计是建立技术系统的重要环节,它对产品的技术和经济效果起着决定性的作用。从本质上来说,设计是一种创造性劳动,创造性渗透在产品创意设计的整个过程中。

二、产品创意设计与文化

(一)产品创意设计与文化的关系

产品创意设计与文化之间紧密相连,相互影响,相互促进,共同发展。它们之间的关系主要体现在以下几个方面。

1. 产品创意设计是对文化的反映

人类在发展的过程中,为了生存创造了各种各样不同用途的物品,这些物品反映了特定时空下人们的生活方式、价值观念及社会状况、技术、生产方式等。作为文化产物的产品,其必然隐含着人类的文化心理与文化精神。优秀的设计不仅体现设计师的知识与想象,也反映了设计师对消费者生活方式及文化背景的了解,并将其物质化的过程。

2. 产品创意设计对文化具有强大的反作用

设计以其包含的社会价值体系和规范体系影响社会的精神文化,推动社会的发展。文化不仅仅与宗教、政治、伦理等因素有关,还与人们所处的自然环境、所创造的人为环境有密切的联系,它们潜移默化地影响社会大众的思想观念、思维方式、生活方式和行为方式,使人们的观念意识发生改变,还能改造社会文化氛围。设计正是创造第二自然、营造人为环境的重要手段,必然会对文化产生强大的促进作用。同时,设计以其强烈的美感吸引力,推动人们审美观念的变化,提升社会审美文化品位。

(二)产品创意设计文化的结构

从结构理论的角度来看,可以把产品创意设计文化分为三层:外表层、中间层和核心层。

外表层指材料、科学技术、生产工艺等与设计有关的纯物质层面，在社会和生产力迅速发展的过程中，产品创意设计文化表层由于受物质条件的影响最大，具有易变性和易感受性；中间层是设计管理、制度以及设计、生产、销售、反馈等环节之间协调的层面；核心层是产品创意设计文化的心理层、意识层及观念层，这是产品创意设计文化最深的核心层，是产品创意设计文化的精神所在，始终影响着产品创意设计文化的特质。产品创意设计文化的核心是"以人为中心"，设计师在设计时会把美好的生活理想、道德伦理观念和审美价值等物化到设计之中，使之呈现出特定的民族文化心理结构。产品创意设计文化中的心理意识层面，会直接或间接地影响设计文化管理制度层，从而最终影响产品创意设计文化的发展走向。

三、产品创意设计与文化传统

设计伴随着人类社会实践的发展也有自己悠久的历史传统，传统的手工艺设计是现代设计最富饶的文化宝库和源泉。中国传统的工艺美术，包括陶瓷工艺、金属工艺、染织工艺、竹木工艺、玉石工艺等以其独具匠心的设计、巧夺天工的制作，形成了千姿百态、美妙绝伦的手工艺传统设计世界。它不仅在很长一段时间内影响中国人的生活，也通过丝绸之路将中国传统的手工艺文化源源不断地传入西亚甚至远及欧洲，造福于全人类。中国的传统设计从陶瓷到丝绸，从青铜器到玉石雕刻都是我们民族文化中的瑰宝，而由这些伟大设计所积淀的设计传统，已经成为现代产品创意设计取之不尽、用之不竭的文化源泉。

（一）文化传统的特点

传统是文化的延续与发展。一切历史所流传下来的思想、道德、风俗、心理、文学、艺术、制度等人文现象都可视为文化的传统。文化传统是"人类创造的不同形态，经由历史凝聚沿袭下来的文化因素的复合体"，是"历史延续积淀下来的具有一定的文化观念、思维方式、伦理道德、情感方式、心理特征、语言文学以及风俗习惯的总和"。

每一个民族在不同时代都有自己的传统，而且随着时代的发展、人类文明的增长，作为人类文化灵魂的传统也就越多。传统在不断的变化中发展和积淀。作为非物质文化现象的文化传统具有旺盛的生命力，其特点如下：传统是旧有的，但不是落后的，是来自过去但现在仍有生命活力的东西；传统是在不断发展和前进中自我更新又不断积淀的，旧传统的消失必然会带来新传统的新生；传统是多元的，是一个大的系统，每一个基元组成一个独立的子系统；传统是流动的、有机的，子系统之间互相促进和发展；传统是历史发展和人的主体性参与选择的结果，会随着时代的变迁不断地发展和进步。

相对于传统文化的可见形式，文化传统属于非物质的形式，它主要存在于人们的思维与意识之中，如传统思想，其在无形中深刻地影响着现代人的生活，我们一方面有意或无意地继承传统，一方面又结合新时代的特点，为传统文化赋予新的内容和表现形式。我们立足于传统文化肥沃的土壤之中，又在不断地创造着新的传统。

传统文化与现代文化的关系是密不可分的，但是在一定的时期会相互转化。传统文化的积淀形成了现代文化，现代文化来自传统，又不断地受到外来文化的冲击，添加新的文化因素，在整合和矛盾中完成和发展，不同文化之间相互包容、适应，形成新的现代文化。文化总是在发展、变迁和交流，矛盾也在不断解决，不断产生，新的文化变成传统，传统又被融入新的文化之中，这就是文化传统的生命力。

（二）创意设计与文化传统的关系

文化传统在历史的长河中不断地积淀，内涵丰富，是创意设计巨大的资源库和宝贵财富。创意设计与文化传统的关系表现在以下几个方面。

①文化传统是民族优秀智慧和才能的结晶和体现。作为民族精神的具体形式，文化传统是民族文化延续发展的内在动力和保证，也是民族文化发展的根本基础，文化传统是民族文化的精神内核，也是产品创意设计的根本出发点和精神源泉。

②文化传统是民族凝聚力所在，是人们心理认同、文化认同的依据，是民族精神的依托。中国传统的设计如服装、家具、玩具、舞龙、春联、瓷器、刺绣等作为中国人的文化信物代代相传。民族文化传统是一种永远存在于一个民族的最宝贵的东西，一个没有文化传统的民族是一个无根的民族。没有文化的产品创意设计也是没有根基的设计，很难体现出创意设计的独特魅力。

③产品创意设计是文化的再现，应该立足于民族文化之中，产品创意设计中民族文化的取向是设计成败的关键之一。中国是一个经过五千年文明积淀的多民族国家，各民族传统在当代文化交流中体现出中华民族文化的多元、博大、精深，也更加强了文化传统间的交流与融合。这种多元的文化传统使设计师在创意设计时有了更多的营养、更多的选择、更多的依托和更多的发展取向。

④在产品的创意设计中把握文化传统中的精神内核，创造出富有民族精神和美感的优秀设计，应该是每个设计师所追求的目标。产品创意设计要吸收文

化传统的营养，但并不是对传统形式的简单套用和照搬，而是要将传统文化的精髓融入设计。如明式家具的设计便是一个极好的范例。作为中国传统文人士族文化物化的一种表现形式，明式家具在造型、材料、装饰、工艺上都体现了中国传统文人特有的对自然而空灵、高雅而委婉、超逸而含蓄的追求，透出一股浓郁的书卷气息。明式家具造型浑厚洗练、线条流畅、比例适中、稳重大方，体现了中国文化提倡谦和好礼、廉正端庄的行为准则。这是传统文化和设计交融的体现，也是一个民族基本的文化心理对人的精神和审美观全面影响、潜移默化的表现。

⑤优秀的产品创意设计立足于文化传统的精神内涵，但同时又不断地补充和完善文化传统的形式，通过创造特殊的形态延续优秀的文化传统。

四、产品创意设计风格与文化

产品创意设计风格是设计师在长期设计实践中形成的对于产品形态、色彩、装饰等设计因素独特的创造特性，它反映了当时社会的观念意识，也体现了当时社会的环境特色。创意设计风格的形成是时代的科学水平、文化观念、审美意识和价值取向等共同影响的结果，体现出设计师的人格个性、创作特征。

（一）产品创意设计风格

风格是设计作品独有的格调、气质、风采。杰出设计师的作品都显现出鲜明的艺术风格，或秀丽，或雄浑，面貌迥异，各放奇彩。

风格是一个设计师区别于另一个设计师的具有相对稳定性的显著特征。它是一种表现形态，是设计师在创作中自我意识、审美个性的自然流露，是设计师独特的审美见解借助独特的审美方式的传达表现。它是设计师在设计实践活动中逐渐形成的，设计作品所烙印的本质特征是设计师来自生活的独特的审美体验，所以艺术风格呈现出丰富多样的面貌。

风格是现代创意设计的重要命题。设计风格的形成是一个设计师成熟的重要标志，是设计师的设计观、审美观的集中体现，也是设计师在设计实践活动中对美学因素的共同追求。除了在内容上表现出设计者的个性特色以外，技术因素、时代特色、民族和地区的习惯、企业的特色、不同时期的观念时尚、生活方式和审美情趣等共同构成了其丰富的内涵。在设计潮流的变革中，他们往往是当时社会中一部分人或某一生活群体的审美观念的代表。因为设计必须服务于生活，与一定范围的受众建立起对应的关系，也因为设计师本身归属于某个生活群体，因此必然会自觉或不自觉地表现出对一定的审美理想的追求。

（二）时代文化对创意设计风格的影响

时代文化的产生是以生产方式的变革为基础的，它客观地反映出某一时期、某一地区的科技水平与人们的文化观念。不同时代的政治、经济、文化、科技等反映在设计上，呈现出不同的设计风格。如手工业时期，追求装饰、讲究技巧体现的是手工业生产方式条件下人们的审美趣味和观念意识。而19世纪末，大机器工业生产方式的出现使功能主义的设计风格成为产品创意设计的时代主导风格，产品的形式简洁、功能结构理性，表明了大工业生产条件下人们的文化意识。20世纪60年代兴起的后现代主义设计风格，则体现了人们在高科技以及信息时代条件下新的美学观念。

（三）民族文化对创意设计风格的影响

不同的地区有其特殊的地域环境、气候条件、经济情况、人文思想、民族习惯、宗教情绪、哲学思想、伦理观念等。民族文化是由于不同民族的不同文化传统、生活方式和审美习惯而产生的具有独特民族特征的文化形式，反映在设计上就形成了这一民族与另一民族的不同的风格，它是各民族的传统文化的长期积淀，是各民族在长期的社会活动和艺术实践中逐渐形成的。例如，法兰西民族地处中纬度大陆西岸，主要的气候类型为温带海洋性气候，他们的生活习惯美妙而浪漫，时装、香水等高档、时尚的载体沿袭了洛可可和装饰艺术运动的华丽、经典的浪漫风格；德意志民族生活于干燥、多山的环境，性格严谨，富于缜密的逻辑思维，其产品设计以高品质、多功能闻名于世；美利坚民族是个汇聚融合的民族，渴望自由、轻松、乐观的个性造就了其设计的幽默与随意性；中华民族历史悠久、地大物博，东方的哲学、禅理更讲究人与人、人与物的和谐相处，其设计文化既深沉含蓄，又强烈突出。因此，不同民族的创意设计风格是民族气质和精神的表现，它取决于历史的沉淀和民族传统观念的凝练，也体现了民族文化独特的内涵。

（四）审美个性对创意设计风格的影响

设计师个人审美个性的形成是以个人先天和后天的素质养成为前提的。设计师的天赋、心理素质、精神气质是先天的因素，其所受的教育训练程度，具备的知识结构、生活阅历、艺术修养等人文素质则是后天的条件，两者都对其审美个性的形成具有重要的影响和作用。

设计师独特的创意设计风格是在一定历史时代的生活环境中形成，表现或蕴含着时代的意志倾向，不可能超越他们生活的时代。一定时代的潮流、社会风尚都会制约影响着设计师个性创作风格的形成与发展，也必然体现出某一时代的社会物质生活条件基础上所产生的审美需要和审美理想。真正的创意设计风格是设计师审美个性与现实客观反映的统一。

（五）创意设计风格的吸收互补

现代社会处在全球化、信息化、高科技化的时代，各种文化之间相互交流、融合。设计师也必然受到各种外来文化和艺术思潮的冲击，设计观念的碰撞会引起设计理想和审美追求的变化或者更新，并有意识地吸收外来文化和某种艺术流派的成分，从而形成自身新的设计风格。如在传统的日本设计中可以看到中国、韩国文化的影响，而在日本现代设计中，可以看到美国、德国设计文化的影响。反过来，日本对于欧洲现代设计风格的影响也是明显的。日本的平面设计风格，特别是浮世绘风格，对于欧洲"新艺术"运动具有重要的影响和作用。如英国"工艺美术"运动的大师莫里斯、美国的家具设计师斯提格利、美国的建筑大师赖特的早期设计，都明显受日本传统设计的影响。设计师要善于吸收不同设计风格中优秀的元素，并将其融入自己的创意设计中，努力丰富和完善自己的设计风格。

产品的创意设计风格是现代设计研究的一个重要课题，也是体现现代产品设计质量的重要因素。在产品创意设计实践中，风格的形成是设计师的审美观和设计观的具体体现，也是设计师在设计实践活动中的美学追求。创意设计风格是文化的产物，不同时期、不同民族、不同设计师的思想观念、生活方式以及审美情趣会在产品的创意设计风格上留下鲜明的印记，也体现出那个时代和民族文化的面貌和特征。

第三节　产品创意设计文化内涵的创造

一、产品创意设计的文化内涵

虽然现代产品创意设计属于物质文化创造的领域，但是它的设计过程却涉及各种不同形态的文化内容，它既要以一定的价值观念为导向，又要以一定的生活方式和生产方式为依据。因此，产品的创意设计实质上是将多种文化因素统一体现在产品视觉形象中的过程。

在手工业生产阶段，产品的设计与制造是以手工艺技术为基础，由手艺匠人应用简单工具并靠自己的体力操作完成的。因此，产品的创意过程保持着人的体力活动和精神活动之间、自然与人之间相互直接交流的关系。人对材料的操作经验意味着对于材料本质的把握过程，是人与自然的相互作用和自然为人所用的过程。手艺匠人按照自己头脑中的意象作为蓝图，可以把个人对产品的期待、个性和感受等，都物化凝结在产品的设计与制作中。手工艺往往与特定的文化传统和习俗联系在一起，与人们的日常生活习惯最为接近，最能体现出设计者和使用者对产品的文化期待。

随着机器大工业生产方式的出现以及产品科技内涵的不断增加，产品的结构和工艺过程不断复杂化，产品的设计与生产过程逐渐分离了，生产过程中技术因素和艺术因素也分离开来，产品的创意设计成了技术开发向物质生产转化的中间环节。特别是20世纪中叶以来，科技进步推动了产品设计的长足发展，设计方法也由手工艺时期的经验直观发展到现代的以计算机辅助设计为主的系统工程、优化决策等新的设计方法，提高了产品创意设计的综合能力，同时兼顾到产品与外在环境的相容性；在产品创意设计理论方面，注重从人的行为方式出发来处理产品形态的立体感、深度和体量的关系，综合考虑诸如比例、尺度、节奏、韵律、均衡、稳定等形态美学因素；在文化心理学方面，引入完形心理学和知觉心理学，强调形态的独特性和相关性；在传播学方面，强调使产品语言具有可理解性和传达方式的内在性，从而把造型因素转化为具有信息内涵和情感效应的语义象征，使产品的创意设计适应于人的尺度，以满足人的生理、心理和社会文化的需要。这就使整个产品创意设计的内涵从自然科学和技术领域扩大到人文科学和审美文化的领域。

二、产品创意设计的文化追求

现代产品的创意设计主要包括三个方面的内容：一是产品的功能性设计，即现代产品技术先进、结构合理、工艺完美，能够满足使用者的物质需求；二是现代产品形态、色彩、装饰等美学因素符合时代潮流，满足消费者的审美需求；三是现代产品安全稳定、功能指示明确、操作舒适，满足产品人机工程的要求。在产品创意设计的三个内容中都体现了现代消费者不同的文化追求。

随着科学技术的飞速发展，各种功能的产品层出不穷，质量不断提高，从而使人们的生活更丰富多彩、安全便捷，科学文化成果所带来的温馨和幸福，也在不断地满足人们物质文化的追求。几十年前，电视、冰箱对绝大多数普通家庭来说，是不可想象的。而随着科学技术的飞速发展，不仅人们在家里就能看上电视，而且屏幕从小到大，按钮从手动变成了遥控，材质从显像管到液晶，图像从黑白到真彩色，信号从模拟到高清，电视种类、功能越来越多，带给人们更加多彩的视觉享受，也创造出丰富的业余文化生活。再如冰箱的设计，最早的是小型单开门的，后来发展为双门的，容量也不断增大，后来又设计出抽屉式冷冻室、分区控温、速冻保鲜，使食品的保存更加方便，使人们的生活更加健康、舒适，同时也推动着饮食文化的不断发展。在高科技不断发展的今天，现代产品的创意设计正致力于不断丰富人们的物质生活，满足人们对科技的需求，不断提高人们的生活品质。

现代产品创意设计的文化追求还表现在消费者对产品个性化、艺术性、民族特色等因素的关注。消费者在追求产品的物质功能的同时，其审美需求也随着社会的进步不断求新求变，这就要求现代产品的设计要使产品的形态、色彩、材质以及装饰具有丰富的美学内涵，满足人们的精神文化需求。在设计中既要考虑标准化、大批量生产的现代化工业的特点，又要充分尊重消费者的个性需求，将产品的标准化与多样化统一起来，使产品的设计更具有文化意蕴，在统一中求变化，使产品既有统一的风格和品质，而每个品种又有其不同于其他产品的个性，从而使整个产品呈现出多姿多彩的特点。如日本汽车的创意设计，或者是采用新的工艺，或者使汽车的色彩有新的变化，不断给人以新鲜感。

在参与国际市场的竞争中，产品的民族特点及艺术性往往决定着产品的成败，对于异国消费者而言，最有魅力、最有纪念意义的产品往往是具有民族特点及富有艺术性、趣味性的产品。如我国的布娃娃、皮影、泥塑等，因为有着浓郁的民族特点和充满稚拙童趣艺术风味而受到国外游客的广泛欢迎。

现代产品创意设计的文化追求还突出地表现为它在"以人为中心"的设计理念指导下，强调产品设计的安全性、舒适性。现代人机工程学就是研究产品的创意设计如何更适应人的生理特点，从而使消费者的生活、工作更安全和舒适，同时解决产品设计与环境、产品设计与人类持续发展的问题。很显然，忽视或者漠视人的各种需求的企业和产品是与整个人类文化的追求背道而驰的。如在电视机的设计中采用液晶屏幕，既能减少电能的消耗，也有利于保护用户的视力不受伤害。无氟技术的使用使冰箱更加安全，同时有利于环境的保护，有利于创造更加和谐的人与自然的关系，促进人类社会健康、持续地发展。

三、产品创意设计的文化整合

文化整合就是指不同文化之间相互吸收、融合、调和而趋于一体化的过程。它是以社会的需要为依据的，使各种文化在内容与形式、功能和价值目标之间重新搭配。

在现代市场环境中，产品的创意设计是以市场为导向的，社会需求决定了产品的设计和生产。由于消费者的收入、职业、习俗、文化教养和个性特征等的不同造成了社会需求的多样性，也使产品的设计必须综合考虑各种文化的吸收和融合。

作为一种协调诸多矛盾的有力手段，产品的创意设计中拥有物与人、物与社会、物与环境、物与物等多重关系的成分。因此，在产品创意设计中，必须将智能文化、行为文化、观念文化的内容融合其中，作为一个统一的完整体系，共同体现在现代产品文化内涵的创意设计中。例如，中国的故宫建筑群，其本身的形态、布局形式、结构等体现了它作为物质文化存在的价值。而它的建筑规划和模式，反映了它所负载的行为、文化、制度、秩序的内容。另外，它以中轴线为中心而两边对称展开的形式，体现出我国封建社会根深蒂固的"中和"审美观以及以现实政治和人伦社会为中心的整体和谐的宇宙观。这种不同类型文化的整合处处体现着中国传统文化的魅力和民族的精神。

现代产品的创意设计不仅为人们未来的生活勾画出物质环境的具体形态，而且也设计着消费者未来的主体属性。消费者的活动方式在很大程度上是由活动对象的性质所规定的。产品作为消费者的活动对象，对于人的身体特性、生理过程和心理状态以及人际交往方式都有直接影响。所以说，产品的创意设计也是人的生活方式的设计，它必然作用于人的精神生活和个性心理。产品创意设计作为一种文化整合的方式，涉及整个物质世界、社会环境、自然环境以及消费者个人的身心发展。因此，产品创意设计的文化价值取向成为当代产品创意设计必须关注的重大问题。

第四节　面向未来的产品创意设计

科技在快速发展，社会在进步，未来人们的物质和精神需求也会有很大的提高，面向未来的产品设计必须是创新设计、超前设计。未来产品创意设计主要体现在以下几个方面。

一、面向未来生存方式的产品创意设计

随着科技、文化的发展，人们未来的生活方式必然会发生根本性的变化，要进行未来产品的创意设计，首先要研究未来人们的生活方式，通过观察现在人的生活方式，按照历史发展的必然规律，研究、分析改变未来人们生活方式的主要因素。如经济发展因素影响人的购买力和消费水平，人口及居住因素影

响家庭消费方式与消费内容，科技进步与生产力因素影响家庭及个人消费质量、消费节奏，文化的发展与变化影响人们的生活姿态及生活消费的追求，社会机制的改变影响人们生活模式及生活效率、生活质量。通过这些因素的研究，我们从中可以发现未来人的生活方式改变所带来的产品需求信息，归纳出未来产品创意设计的新方向。

其次要研究未来人的工作方式。研究办公室、生产、交通、联络等工作方面出现的新情况，尤其要研究社会结构在未来可能出现的变化趋势，研究技术与生产、管理所构成的生产力内容的新变化，只要预计了这些变化，把握了变化的趋势及主要内容，就能够掌握产品创意设计的推进方向。以人为研究中心，人的学习、工作、交通、社交、互动、健康、发展、娱乐等内容都可作为未来产品创新的线索，每个行业的产品设计，只要把握了未来的某一变化趋势，就能够推出一种或一系列的创新产品。

二、面向未来高新技术的产品创意设计

高新技术的发展影响着未来产品创意设计的方向。尤其是近半个世纪以来，技术的发展速度日益加快，产品周期日益缩短，企业的未来产品研制也就显得更加重要。企业应着手未来产品设计，将其作为企业面向未来的储备设计，作为新产品上市的准备。

追踪高新技术的发展趋势，设计师可以深刻体会到高新技术带来的深刻变化，例如产品功能的强大优势，产品对人们的生存方式的巨大影响，产品技术对人类物质文明的巨大作用等。高新技术是现代科技成果的最高层次，其附加值高，融入大量高智力劳动，依靠现代高精密加工方式实现。针对未来高新技术产品的高度创新设计，设计目标应是实现高附加值设计、高度人性设计、高情感设计、高理性设计、高雅设计与高度企业文化内涵的设计。如图2-1所示的拟人化机器人在给消费者带来便利的同时，还能够记住人们日常的相貌，遇到认识的人会微笑，用热情的语言打招呼，体现了高科技与高情感的有机结合。

图 2-1　索尼公司设计的拟人化机器人 Qrio

未来高新技术的出现左右着产品创新设计的方向和潮流，根据高新技术出现的特征，从中预计未来产品的各种新的可能内容，如新形态、新材料、新工艺、新功能、新的人机界面等。未来多媒体终端设备以及未来多媒体工作桌，为人们提供了方便的信息查询以及人性化的操作方式。

三、面向未来生产力的产品创意设计

生产力要素的发展直接影响未来产品创意设计。生产力要素主要包括人、工具、生产关系，其中工具在创新性企业里主要是指产品设计工具与创新工具，如 CAD、CAM 及 CNC 等。

先进的生产力给产品创意设计提供更广阔的空间，无论在创新速度还是在创新效果上，都极大地满足了设计师自由发挥创新设计的想象力的要求。现代计算机技术的高度发展使产品设计可以通过计算机实现虚拟加工、安装及功能演示，实现了无图纸设计。现代数字控制新技术保障了设计目标的实现。快速成形技术与快速制造技术为未来和更大范围的创新提供了充分条件。未来产品创新日趋个性化，产品制造趋于小批量，根据需求实现定做，根据个人喜好即时提供新型产品设计方案，满足个别供货的个性化需求。

第三章 体验经济与文化创意产品设计

第一节 体验经济的基础理论

体验经济时代已经来临,它改变了现有的经济形态,给许多产业带来新的生机与活力,它为人们带来特殊的消费体验,也使人们的消费需求发生了改变,而这种影响还在延续。

一、体验经济概述

下面主要从体验经济的相关理论、体验经济的主要特征和体验经济的发展现状三个方面对体验经济进行阐述。

(一)体验经济的相关理论

1. 体验

体验是这几年我们经常听到的词汇,它不仅成为商家、企业追逐的目标和媒体连篇累牍讨论的对象,更成功地吸引了消费者的关注。体验一词在《辞海》中的解释为:"通过实践来认识周围的事物,亲身经历。"体验的英文单词为"Experience",这一单词既具有名词词性又具有动词词性,翻译为经验、感受、经历等。体验是源自人们内心的一种感受,这是人与生俱来的,它反映的是人的心灵世界的旅程。在体验经济背景下,"体验"一词不仅停留在字面的解释范围,美国体验经济学者、俄亥俄州奥罗拉战略地平线LLP公司的创始人约瑟夫·派恩二世认为"所谓体验,就是企业以服务为舞台、以商品为道具,围绕着消费者,创造出值得消费者回忆的活动"。美国学者特里·布里顿、戴安娜·拉萨利对于体验的定义是"顾客体验是一个或者一系列的顾客与产品、公司、公司相关代表之间的互动,这些互动造就一种反应;如果反应是正面的,就会使顾客认可产品或服务的价值"。

2. 体验的类型

约瑟夫·派恩二世和詹姆斯·吉尔摩在二人合著的《体验经济》一书中，根据顾客参与程度的不同，将体验分为4个类型，即娱乐的体验、教育的体验、逃避现实的体验及审美的体验。

（1）娱乐的体验

娱乐自古以来就是人们用以寻找快乐、进行消遣的行为活动，以娱乐为主的体验活动是人们最常采用的行为方式，它可以与任何一种体验类型相融合，实现多种体验感受。消费者的消费需求随着社会经济的发展而改变，人们不再满足于传统的消费方式，而是希望能有一种新的消费方式可以让人们获得快乐和喜悦，使人们的消费活动不再平淡、乏味。体验经济背景下，消费者可以享受到更加新颖、更加有趣味性的娱乐体验。在娱乐体验拥有广阔消费市场的同时，商家、企业还可以将娱乐体验融入教育的体验、逃避现实的体验及审美的体验之中，促使各种体验类型都能具有丰富的感官享受。娱乐的体验一般包括游戏活动、唱卡拉 ok、听音乐会、观看舞蹈演出、参加体育运动等。

（2）教育的体验

教育的体验指的是消费者在体验活动的过程中接受相关的知识与信息，以提升自身的文化素质与专业技能。教育的体验与娱乐的体验有所不同，教育的体验需要消费者更多的参与，在积极参与的过程中可以更好地接受知识与信息。在教育体验的过程中，重点是要让消费者充分运用自己的头脑思维能力和身体的运动能力。教育虽然是一件严肃的事情，但是这并不意味着教育的体验不能成为一件令人愉快的事。

有一个实例可以很好地说明这一点，《乐智小天地》是中、日联合制作的儿童节目，根据儿童年龄划分为不同的版本，如2至3岁为幼幼版、3至4岁为快乐版、4至5岁为成长版。《乐智小天地》通过活泼可爱的卡通形象、有趣的故事内容吸引儿童的关注，并引入互动式的体验教学，在互动的过程中将语言、数学、逻辑思维方面的知识信息传递给儿童，在寓教于乐的气氛中培养儿童独立思考与独立学习的能力，具体内容如图 3-1 所示。

图 3-1　《乐智小天地》儿童节目

（3）逃避现实的体验

逃避现实的体验是指人们完全沉浸在一种特定的情境里面，这种情境是与现实完全不同的，人们可以在体验中得到参与的快乐，同时短暂逃避现实的世界。逃避现实的体验相比娱乐的体验和教育的体验更加令人沉迷，因为这种体验给人的感官、心理等方面以充分的满足，积极地参与到这一情境中会使人们可以暂时忘记现实的烦恼，尽情享受体验所带来的乐趣。

逃避现实的体验一般包括互联网、主题公园、赌场、CS 丛林对战、观看 4D 电影等，其中最为典型的当属互联网，依托互联网平台信息产业才得以迅速发展，并成为经济增长的主要动力。通过互联网，人们可以玩网络游戏，使用聊天软件在网上认识新的朋友，在网上寻找自己需要的信息以及学习相关的知识。互联网是一个交互的媒体平台，它为人们提供了一个社会体验的场所，人们以不同的身份、角色积极地参与其中，并在这一体验的过程中获得快乐与内心的满足。现代社会发展速度越来越快，生活节奏也随之加快，对于人们来说，互联网是一片心灵的绿洲，是人们精神世界的世外桃源。在这里人们可以暂时忘记生活和工作中的烦恼，全身心地投入网络的世界，做自己喜欢的事情，不受外界的干扰与影响。

（4）审美的体验

审美的体验是指人们被某种事物、景观或现象所吸引，在欣赏的过程中产生一种愉悦、快乐的体验。当消费者融入某一特定的事物景观或现象内即处于审美体验的过程时，他们自身对这一特定的事物景观或现象产生极小的影响或根本不产生影响。由此可以认为"消费者想要参与有教育意义的体验是想学习，参与逃避体验是想去做，参与娱乐体验是想感觉，而参与审美体验的人就想到达现场"。

审美的体验一般包括在自然风景区远眺美景、在艺术画廊或博物馆欣赏艺术品或在有特定情境的主题餐厅用餐等。其中有一个案例十分典型，"北京8号学苑"是国内第一家以80后校园文化为主题的餐厅（如图3-2所示）。进入餐厅前需要出示身份证件，只有80年后出生的客人才可以进入用餐，餐厅以营造80后的校园环境为设计的中心，老式的黑板、简朴的桌椅、白色的瓷杯，使80后的顾客有一种回归校园的感觉。餐厅内还设有娱乐区，里面有老式的游戏机，有伴随80后成长的漫画书等，餐厅的工作人员还会按时给顾客安排课程，有语文课、历史课等，让大家在互动娱乐的过程中回忆儿时的经历与成长的快乐。

图3-2　北京8号学苑主题餐厅

3. 体验经济

最早提出体验经济观点的是来自美国的未来学大师、世界著名未来学家阿尔文·托夫勒，他在1970年出版的著作《未来的冲击》一书中阐述了自己对于未来经济的推测与判断，当消费者的需求从物质需求提升到心理需求时，服务性活动的市场份额将会超越生产性活动，服务经济就此形成。人们在为服务经济快速发展而振奋的同时，也在考虑经济的未来究竟会向怎样的方向发展。当人们还在经济的十字路口迷茫的时刻，托夫勒提出了他的观点，他认为企业不再提供普通的商品，也不再提供单一的服务，而是给予消费者互动性的体验，因此体验经济将是继服务经济之后的新的发展浪潮。

随后，约瑟夫·派恩二世和詹姆斯·吉尔摩于1998年在《哈佛商业评论》上发表了《体验式经济时代来临》这一文章。在此之后，二人还一起合著《体验经济》一书，较为深入地论述了体验经济产生的背景、原因及客观条件，并提出体验经济是继农业经济、工业经济、服务经济之后出现的新的经济形态，是第四个经济发展阶段，这一经济形态的出现必将带来社会经济以及相关产业的变革与发展。在这本书中，作者用生动的案例向人们阐述体验已经不再是服务的一部分，而是成了一种经济的提供物，就像服务和货物一样是真实的产品，它不再是虚无的感觉而是成为提高商品价值的重要因素。"体验是一种创造难忘经历的活动，在商业上企业以服务为舞台、以商品为道具，围绕消费者创造值得他们回忆的活动"。在体验经济的背景下，企业以消费者为中心并以满足消费者的心理需求和高层次的精神需求为主要目标，通过商品与服务，为消费者提供美好而难忘的活动，并让他们感受到愉悦、快乐的体验，最终实现提高经济价值的目的。

美国心理学博士伯恩德·施密特于1999年出版其著作《体验式营销》，他提出了体验式营销是一种为体验所驱动的营销和管理模式，体验营销的核心观念是不仅为顾客提供满意的产品和服务，还要为他们创造和提供有价值的体验。施密特把体验营销划分为五种客户体验，即感官、情感、思考、行动、关联，重新定义设计营销的思维方式。这种思维方式突破传统的"理性消费"的假设，认为顾客在消费时既具有理性的一面，又具有感性的一面，他们在消费前期、消费过程中和消费后的体验才是研究消费与企业品牌经营的关键。

（二）体验经济的主要特征

1. 终端型

体验经济下最终的消费者是具有自然人属性的用户和顾客。在工业经济和服务经济阶段，商家、企业之间是通过商品和服务的竞争来争夺市场，但在体验经济下商家、企业之间的竞争目标是消费者，企业的商品只有赢得消费者的青睐才能实现效益的增长。体验经济关注的是消费者的内心感受，希望给消费者创造愉悦、美好的消费体验，满足消费者的个性化需求和心理需求，最终实现体验价值的商业转换。

2. 差异性

随着科技的进步和生产力的提高，企业之间生产技术与产品功能越发趋于同质化，企业所生产的产品可以轻易地被与之竞争的企业模仿、抄袭。工业经济和商品化经济的特点是生产统一化、标准化，这种规范化的标准既体现在企业的产品上，也体现在整个生产制造的流程之中。这种情况不止出现于产品方面，服务领域也出现相同的问题。服务型企业在市场竞争中所提供的"商品化"服务也出现了雷同的现象，这也在一定程度上降低了企业的竞争力，使企业落入价格竞争的恶性循环之中。由于经济的不断发展，产品和服务都被企业"商品化"，商品化的结果是摒弃个性化、差异化。在体验经济下，消费者个性化的需求才是企业所关注的重点。企业为消费者在购买和使用产品的过程中营造出独特而愉悦的感受，满足消费者个性化的需求，使企业的产品、服务的商业价值不断增长。

3. 参与性

随着社会的进步，人们的素质水平不断地提高，物质生活的丰富促使消费的需求不断地变化，企业已经不能驱使消费者被动地接受产品和服务。消费者希望能够与企业产生一种互动的关系，借此参与到产品前期设计、产品生产制造的流程中，以此来满足消费者对于产品的个性化诉求。在这一过程中，消费者可以充分地发挥自己的创意与想法，并将这些想法融入企业的设计、生产中，消费者从中也能得到自我价值的实现。由消费者参与的互动式消费，有自动点唱机、自动贩卖机、自助餐、自助陶艺吧、农家乐采摘园等。其实，消费者可以介入到生产消费的任何一个阶段之中。

4. 知识性

企业生产的产品或服务最为直接的是通过消费者身体的各个器官来感知，但是在体验经济背景下企业更加重视产品和服务所凝聚的文化内涵，希望消费者在使用产品、享受服务的同时提升自身的文化素质、陶冶自己的情操，不断充实自己的精神世界。苹果电脑的体验店和官方网站里设置的"Genius Bar"服务，为购买苹果产品的用户提供系统、技术和软件上的帮助和指导，为消费者便捷地使用产品、完成相关任务提供保障，消费者在这一过程中提高了相关的电脑知识、软件应用技能的水平，最终使自己的综合素质得到提高。

（三）体验经济的发展现状

体验经济背景下许多产业正在兴起和发展，它们以优质的产品与服务吸引消费者，让消费者享受产品与服务带来的愉悦体验。

1. 国外体验经济的发展现状

体验经济起源于美国，最早由好莱坞、迪士尼、拉斯维加斯开始，后来开始蔓延到游戏业、旅游业、体育业、餐饮业甚至IT业等。

拉斯维加斯是位于美国内华达州的一座城市，1829年，墨西哥的商人在从西班牙通往旧金山的路途中偶然发现了这片土地，于是将它命名为"拉斯维加斯"，意思是肥沃的土地。拉斯维加斯以博彩业闻名于世，在这一基础上它还积极地发展旅游、餐饮、主题公园、购物中心、戏剧、歌剧、艺术展览等相关产业（如图3-3所示）。世界上最著名的十大酒店都在拉斯维加斯，恢宏的城市建筑、精彩纷呈的娱乐表演、美味佳肴使这里变成了旅游者的天堂，每年有约3890万旅客来到这里旅游，游客在这里得到愉快的经历和非凡的体验，他们在这里流连忘返。拉斯维加斯从一个小村庄蜕变成今天举世瞩目的大都会，这和它关注消费者的体验需求，并为之而改变的努力是分不开的。它已经成为美国乃至世界娱乐业中一颗璀璨的明珠，同时也成为成功的案例被不同地区学习和模仿。

图 3-3　美国拉斯维加斯

好莱坞坐落于美国加利福尼亚州洛杉矶市市区西北部，它是美国电影工业的中心。这里云集了许多著名的影视公司，如梦工厂、米高梅公司、20 世纪福克斯、哥伦比亚公司、索尼公司、环球公司、华纳兄弟等。好莱坞是一个造梦工厂，它为世界各地的影迷创造出优秀而精彩的影视作品。随着产业的发展与技术的进步，IMAX-3D 技术引入了电影产业，它赋予电影以全新的观赏体验，让消费者可以身临其境地感受电影带来的激情与快乐。最先应用这一 3D 影像技术的电影是科幻史诗巨制《阿凡达》（如图 3-4 所示），它由 20 世纪福克斯公司出品，著名的詹姆斯·卡梅隆担任导演，影片的前期预算高达 5 亿美元。震撼的画面、精彩的剧情和 3D 技术的完美结合使《阿凡达》公映后获得了巨大的成功，全球票房高达 27 亿美元，成为超越《泰坦尼克号》之后夺得全球电影票房史第一的电影。好莱坞电影工业已经成为美国经济的重要组成部分，它采用国际化与多元化视角，懂得如何吸引消费者的关注，并调动人们的情绪，给予人们视觉、听觉等多方面的感官刺激，最终占领了市场，获得了商业上的成功。

图 3-4　电影《阿凡达》剧照

迪士尼的名字来源于它的创始人沃尔特·迪士尼，其总部设在美国，公司经营的主要业务有动漫影视制作、主题公园、电子游戏和互联网传媒等。以动漫为中心发展的迪士尼具备相当强大的行业优势,而沃尔特·迪士尼并没有站在原地徘徊,他敏锐地把握住了消费的未来走向,提前布局公司的发展。1955年沃尔特·迪士尼在美国加利福尼亚州建立了第一个迪士尼乐园,这不是一个普通的娱乐公园,而是全球范围内首创的第一个主题公园。迪士尼充分利用自己在娱乐动漫产业的优质资源,如米老鼠、唐老鸭、猫和老鼠以及白雪公主等一系列家喻户晓的动漫明星,经过设计、包装、整合,把这些元素融入主题公园的每个角落以及真人演出的活动中(如图3-5所示)。每一个进入迪士尼乐园的游客仿佛沉浸在童话的世界里,他们可以通过视觉、听觉、嗅觉、味觉、触觉等多种感官来完整地体验迪士尼给他们带来的乐趣,游客经历的体验是令人难忘的,这也是他们心甘情愿地为这一体验而买单的原因。如今在美国、法国、日本、中国香港都建有迪士尼主题乐园,上海迪士尼乐园也于2016年正式开园。

图 3-5　迪士尼主题公园

2. 国内体验经济的发展现状

传统行业方面,主要体现在餐饮业、建筑业和旅游业。如有饱含四川文化风情的"俏江南"餐厅、潘石屹的"SOHO现代城"、"彩云之南"云南旅游休闲产业的兴起等。传统产业在体验经济的背景下及时转变商业理念,在关注产品和服务的同时,还注重满足消费者的心理需求,在维护和培养消费者情感等方面发挥了重大的作用。

新兴行业方面,IT行业在体验经济的背景下有了新的发展机遇,利用客户体验的理念建立新的发展方向。IT行业的领军企业如联想、中兴、华为,门户类大型网站如百度、搜狐、网易等都纷纷成立了自己的客户体验研究团队,希望通过这些部门分析、了解消费者的体验要素和需求,将这些结果应用到产品的研发和设计之中,以便更好地服务客户。

文化产业方面,随着人们生活水平的提高,我国文化产业也步入快速发展的轨道,相关产业都呈现出百花齐放的态势。图书出版业的规模逐年增长,形成了集书、报、杂志、音像、电子、网络出版于一体的功能齐全、品牌众多、在市场上具有一定影响力的文化产业群体。高等教育出版社一直引领教学资源研发的趋势，并将体验的理念融入经营和管理，开发出《大学体验英语》《大学体验汉语》等高等教材，受到市场的欢迎。动漫产业发展也十分迅速，2013—2018年我国动漫产业总体呈逐年增长态势，2018年我国动漫产业产值为1712亿元，2019年我国动漫产业总产值达1941亿元，同比2018年增长13.4%。近年来随着我国市场经济规模的不断扩大，动漫市场"头部效应"持续强化，《哪吒之魔童降世》《大圣归来》等叫好又叫座的优秀电影的出现，一方面带动了动漫电影此类型题材的发展，另一方面为我国动漫产业注入全新的活力。

二、体验经济下消费的转变

当经济形态由农业经济、工业经济、服务业经济转变为体验经济的形态时，消费者的需求也会发生相应的转变，这种转变会给创意文化产品带来积极的影响，促使创意文化产品进行转变，更符合现代消费者的消费需求。

（一）消费需求的转变

美国社会心理学家亚伯拉罕·马斯洛于1943年在《人类激励理论》论文中提出需求层次理论，这一理论将人们的需求分为五种层次，它们由低到高依次排列，分别是生理需求、安全需求、归属和爱的需求、尊重需求、自我实现需求。生理需求在人们的需求层次中属于最基本的层次需求，如空气、水、食物、医疗等。安全需求是建立在生理需求之上的层次需求，比生理需求更高一级。人们希望拥有生活的安全、劳动的安全，希望避免事故或灾难，希望未来能够有所保障。归属和爱的需求也称为社交需求，它是指人们希望得到亲人、朋友、同事、集体的关爱、理解和支持，这是对亲情、爱情、友情的需要。归属和爱的需求相比生理需求和安全需求层次更高，它与人们的性格、生活经历、生活地域、生活习惯、宗教信仰等都有关系，这种需要是十分微妙的，也无法用数据去衡量。尊重需求是指对自我的尊重、对他人的尊重以及得到他人的尊重。尊重的需求如果得到满足，能够提升人们的自信心，使人们对社会充满热情，同时使人们感觉到自我价值的实现。自我实现需求是指凭借个人的能力来实现自己的理想，以达到自我实现的精神境界，这样的人可以正确地面对自己，同时也能接纳他人，其解决问题的能力得到增强、自觉性得到提高，可以独立处理问题，能够成功地完成与自己能力相对应的事情。

当一个低层次的需求被满足后，另一个相对高一级的层次需求便会出现，它开始成为影响和左右人们行为的主要因素。伴随着经济的发展和社会的进步，丰富的物质基础让人们相对低层次的需求得到了满足，在低层次的需求被满足后，人们的需求层次便提升到自我实现的需求层次阶段。如今的消费者在消费时不但关心产品的功能、质量，产品所体现出的附加值，如审美、品味、象征意义等也是消费者所关心的重要因素，有时甚至成为他们购买产品的主要原因，这种情况便是进入自我实现需求层次的现象。

（二）消费特征的转变

1. 消费意识的转变

消费者早期关注产品本身，而现在开始关注接受产品过程的感受。如今的消费者不仅考虑购买什么样的产品，而且还关心购买的地点，更关注购买的过程。消费者购买产品的目的是希望得到快乐的体验，满足其个性化的需求，并寻找精神层面的寄托与共鸣。

2. 消费习惯的转变

消费者开始从理性消费逐渐转变为感性消费。由于社会经济的发展、物质生活的丰富，消费者的消费模式也遵循由理性消费阶段、感觉消费阶段到感性消费阶段的方向发展。在理性消费阶段，消费者注重的是产品的品质与价格，而当消费者购买产品的需求倾向于能够满足个人的喜好、社会需要层面和具有彰显身份意义的商品时，就进入了感觉消费阶段。在感觉消费阶段，商品的象征价值需求在人们心中已经成为主导的消费观念，同时会受到环境因素和社会需要的影响。在感性消费阶段，商品的象征价值需求在人们的消费观念中居主导地位，感性消费体现了现代社会科学技术和经济发展基础上追求自我的个性化倾向与注重社会与自然环境社会化的趋势。

3. 消费方式的转变

如今消费者已经从被动接受企业推销的产品进入提出自己对于产品个性化的需要的阶段，消费者希望可以参与到企业设计生产产品的过程中，希望把自己对于产品的个性化需求、新的价值观念和新的思想意识融入产品的设计之中，使产品可以同消费者产生共鸣，产品的市场也得到了拓展。消费者在这一互动的环节中可以把自己的创造力充分地发挥出来，主动加入企业产品的前期设计、投产制造和市场推广的过程中，经过创造性的消费，人们也进入了自我实现的需求阶段，最终获得自我满足和自我价值实现的情感需求。

4. 消费内容的转变

在体验经济的背景下，消费者已经从大众化的消费阶段进入个性化的消费阶段。消费者在购买产品方面心态越来越成熟，希望所购买的产品可以符合自己的个性化需求，对于市场上出现的千篇一律的产品越发排斥和反感。消费者期盼购买的产品可以呈现自己的个性特征，以展现自己与众不同的魅力与独特的品位，另外消费者还希望产品具有一定的互动性与参与性，可以丰富产品使用过程的体验感与娱乐性。

5. 消费结构的转变

在体验经济的背景下，消费者情感需求的比例有所增长。消费者在购买产品时不仅会考虑产品质量，还会关注产品是否能够带给人们情感方面的愉悦与满足。消费者会对那些能够满足自己内心情感需求并带给自己愉悦体验的产品产生好感，这也是消费需求进入自我实现阶段的体现。社会的进步和经济的发展等客观条件促使体验经济逐步形成，消费者对产品的不同需求为这一市场提供了广阔的舞台。

从以上消费特征的转变中可以看出，消费者的心态日趋成熟。同时消费者对于生态环境的保护意识进一步提升，人们开始提倡和使用绿色环保的产品。早期企业为了生产产品，不惜以破坏环境作为代价，有些产品甚至本身就含有有害物质。如今环保、绿色、健康的理念已经深入人心，消费者不但会挑选绿色环保的优质产品，还会关注产品在生产过程中对环境产生的影响，只有在整个设计、生产制造、销售和回收利用等环节都达到绿色环保标准的情况下，消费者才会放心购买。与此同时，购买绿色环保的产品也体现了消费者对于生活品质的追求，显示出自己的价值观念，最终体现了消费者日益成熟的心态。

（三）消费过程的转变

在我国经济改革发展初期，由于商品匮乏，企业生产的商品十分热销，这就导致了"卖方市场"的形成，企业从不担心商品的销售问题，只要生产出来就一定可以卖出去，这使消费者没有选择的余地，只能被动地接受也不曾考虑购买过程中的感受。随着改革开放的深入，经济快速发展，人们的物质生活得到了极大的丰富，市场竞争的日益激烈也促使昔日的"卖方市场"转变为以消费者为中心的"买方市场"，消费者不再被动地接受产品，而是主动地选择自己需要和喜欢的产品，同时开始关注接受产品的过程及其感受。

苹果公司开设的体验店就是一个很好的实例，其店面门脸采用透明的有机玻璃，配以金属构件进行连接，在门口上方设置有一个巨大的苹果标志，十分醒目、简洁，阳光可以直接进入店内，使店内看上去十分通透、现代。走进店内，木制的展示台上面摆放着苹果公司的最新产品，包括iPhone系列、iPad系列、iMac系列等，如图3-6所示。铝镁合金材质的产品配以木制的展示台更加体现出产品的科技感以及人文气息，所有在店内展示的产品都是供消费者试用的，店员会在一旁为消费者讲解产品的使用方法和相关的产品信息。

图 3-6　苹果体验店

苹果公司很早就关注到体验对于消费者的重要性，它将体验的设计应用到自己的产品之中；同样，在专卖店的经营上也融入了互动体验的理念。体验店采用开放式的策略目的是希望消费者可以走进店内，亲身体验苹果产品所带给消费者的愉悦与快乐，让消费者了解产品的功能与特性，消费者在这一体验的过程中提升了对品牌以及产品的认知和理解，同时也促使人们产生购买该产品的欲望，最终决定购买苹果的产品。苹果公司把握住了消费者的需求，看到了消费者接受产品过程的重要性，将体验融入销售的过程，最终取得了成功。

（四）消费行为的转变

企业在推广产品时一般采用电视、广播、报纸、杂志等传播媒体进行广告宣传和促销，这是较为传统的手段，但是通过这些传统媒体的信息传递，消费者只能被动地接受这些信息而无法让产品与消费者产生良好的互动，消费者也无法全面了解产品的相关信息。当互联网走进人们的生活，一切都改变了。

互联网的崛起改变了整个世界的面貌，它成了人们生活中最重要的组成部分，在海量的网络信息面前，消费者可以有更多的选择。互联网为消费者提供了全新的互动方式，也让产品可以以一种全新的状态面对消费者。

例如 Nike 网站，一进入主页 Nike 的经典商标和富有运动元素的页面设计便给人一种快感和激情。当消费者浏览新款篮球鞋时，篮球鞋可以在画面上进360°的旋转，让消费者看清楚产品的每一个侧面和细节，当把鼠标移动到某个部位时，则会弹出对话框，里面详细说明了其部位的材质及相关技术的信息，具体内容如图3-7所示。消费者还可以根据自己的喜好采用篮球鞋的定制服务，进入相应系统选择自己喜欢的篮球鞋款式和颜色搭配设计，系统会按照操作进行记录，最后按照消费者的要求生产这款专属的定制篮球鞋，这种互动的消费方式使消费者可以购买满足自己个性需求的产品，同时也为购买产品的过程增添了许多乐趣,最终使企业的产品得到了推广,企业的品牌形象也得到了提升。

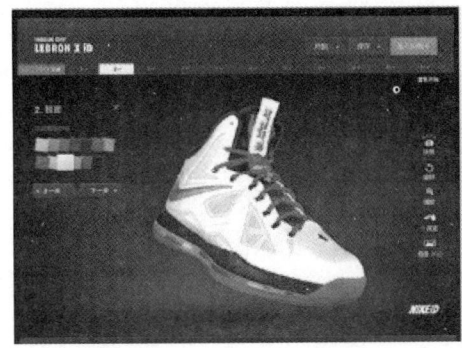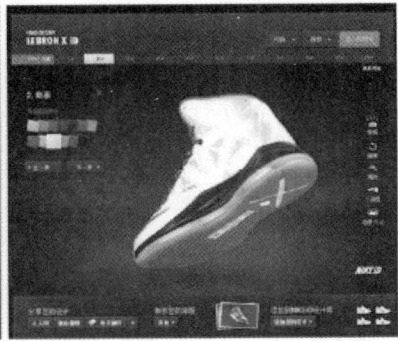

图 3-7　Nike 官方网站

三、体验在文化创意产品中的引入

社会的进步和经济的发展促使人们的消费需求逐渐转变,人们希望得到个性化的产品,同时希望产品可以给人们带来愉悦、快乐的体验,这些市场的发展趋势对文化创意产品设计提出了新的要求与挑战。文化创意产品设计不能忽视市场的消费需求和发展趋势,它不是简单的产品设计工作,应该进行市场调研、消费需求分析、相关产品资料的收集等方面的工作。

目前有许多文化创意产品设计的案例从表面上看能吸引大众的关注,但实际上却没有赢得市场,归咎其失败的原因主要是设计师过度相信自己的设计灵感和创意,却没有充分考虑针对市场的调研工作。这种错误的设计方式直接导致许多设计出来的产品只是外观造型设计的新颖,并不能赢得消费者的肯定。

在体验经济来临的时代背景下,体验的融入改变了产品传统的状态,使本来就普同、乏味的产品重获新生。体验是以消费者的需求为出发点,充分分析、寻找消费者的真正需求,通过体验的设计使产品与消费者产生互动,也改变了产品被动的使用状态,让消费者可以在使用产品的过程中体验更多的快乐,同时也得到情感层面的满足。文化创意产品设计是建立在创意的设计思维和深厚的传统文化的基础上的创新产品设计活动,在体验经济的背景之下,需要将体验融入文化创意产品的设计之中,让文化创意产品真正满足现代消费者的需求,通过体验的设计赋予文化创意产品以崭新的力量,创造出新的产品价值与商业价值。

(一) 通过体验提升文化创意产品的互动

将体验的要素引入文化创意产品设计可以突出文化创意产品的互动。传统的产品总是在被动的环境下被人使用，这种被动的状态导致产品与使用者之间无法产生良好的互动性，许多产品由于设计定位的错误导致产品连基本的使用功能都不具备，更无互动性可言，其结果也必然被市场所淘汰。将体验引入产品设计可以使产品操作具有体验性，消费者在使用产品时可以与产品有一种互动的交流，让人们在使用产品的过程中感受到愉悦的体验。

文化创意产品不单单是普通的产品，而且承载着传统的文化内涵，因此体验的设计要突出文化特征，在产品的使用过程中将文化性的信息通过使用的方式传递出来，让使用者感受到产品深层次的文化底蕴，在接受文化熏陶的同时也进一步提升了自己的文化素养。设计师应根据不同的产品类型和不同的定位来设计不同的产品使用方式，同时还要与文化主题保持一致，这样才能设计出符合特定文化主题的文化创意产品。

（二）通过体验突出文化创意产品的个性

将体验的要素引入文化创意产品设计可以突出文化创意产品的个性，个性化的产品更容易受到消费者的青睐，就好像是一个充满个性的人总能成为大家瞩目的中心。个性是一个相对抽象的阐述，文化创意产品应该将个性这一概念转变为物化的特征呈现给消费者，这要求文化创意产品在为消费者提供体验的同时要围绕中心主题进行设计。这一主题可以让文化创意产品的设计始终有一条主线贯穿其中，也为体验找到了切入的方向，最终使人们可以感受到文化创意产品的个性特征。文化创意产品的主题含有产品的设计理念，经过长期的在产品中的设计应用而显露出来，文化创意产品的个性也在这时呈现在消费者面前。

产品体验的主题应该与人们的需求相对应，所以对消费者的调研分析是十分重要的，如性别、年龄、收入水平、兴趣爱好等都是调研的重点问题。在与市场上同类产品进行竞争时，需要分析竞争产品的特点，寻找自己的主题定位，从而找出与竞争产品不同的主题特征。突出恰当的主题是产品推向市场的重要环节，假使没有准确的主题定位，人们就无法看到产品的突出特征，也无法体会到主题的体验感，最终产品没有给消费者留下深刻的印象。

文化创意产品的造型设计是体验主题的物化表现形式，是从概念提出到产品表现特征的转化过程。它受到产品主题的影响，将消费者的需求要素融入设计之中，运用设计的手段来展现个性的产品特征和与众不同的审美感受。文化创意产品设计需要整合各种感官体验进行设计，通过给消费者带来感官的体验强化产品的主题，同时给人们留下了深刻的记忆。

（三）通过体验增强文化创意产品的感受

将体验的要素引入文化创意产品设计可以突出文化创意产品的使用感受，消费者在使用产品的过程中获得良好的体验感受是文化创意产品设计的重点之一。好的产品体验会给消费者带来愉悦的心情，其良好的产品形象也将会被消费者所记忆；相反，糟糕的产品体验会给消费者带来沮丧的心情，其糟糕的产品形象也将会被消费者所记忆。最终消费者会选择具有良好体验的产品进行购买，并建立起对品牌与产品的深刻印象。

良好的产品体验是通过对目标消费者群体研究后做出的设计，同时还要考虑产品材质的应用、颜色的选择、采用何种使用方式等问题，这些因素都会影响消费者在使用产品时所产生的感受。当品牌和产品的良好形象树立在消费者脑海当中，消费者会建立一种对品牌和产品的认知观念，品牌的忠诚度随之建立，这样产品就赢得了消费者的肯定并牢固地占领市场的份额。

第二节 体验经济与文化创意产品设计

体验经济的来临改变了社会经济的现有形态，在这种背景下人们的消费需求开始发生转变，人们对于个性化和精神层面的需求开始增长。与此同时，创意产业开始崛起，它以文化和创意为核心，通过创新的方式将文化内容与创意思维转换成具有商业价值的产品或服务，并迅速成为经济发展的重要支柱。基于创意产业下的文化创意产品成为企业与消费者关注的重点，体验经济要素的引入将会为文化创意产品开拓出更为广阔的发展空间。

在体验经济背景下，人们的消费需求更趋向个性化，人们希望产品不仅可以满足基本的功能需求，还希望产品可以满足人们心理和精神层面的需求。文化创意产品将文化资源加以整合、提升，并通过创意的设计方式转换成具有功能价值和高文化附加值的产品。将体验经济要素引入文化创意产品，可以使文化创意产品更好地满足消费者的需求，促进文化创意产品的发展，有效提升产品与品牌的吸引力、竞争力。

对于文化创意产品的设计研究需要考虑多方面的问题，如使用者层面、产品层面、使用环境层面等。通过对使用者的需求、产品设计要素、使用环境等方面的分析研究，寻找文化创意产品设计的切入点，探索出具体的设计方法，进而总结出相关的设计原则，为文化创意产品开发提供现实依据，并为文化创意产品设计探寻新的发展方向。

一、体验经济背景下文化创意产品设计要素

我们可以从文化要素、情感要素、功能要素、形式要素四个方面对体验经济背景下文化创意产品进行产品设计要素的分析。

（一）文化要素

文化与产品的关系十分密切，如果说产品属于物质层面，那么文化则属于精神层面。产品是文化物化的表现形式，某一特定时期的文化特征需要通过物态文化层得以呈现，它是可以触及、感知的具有物质实体的文化事物，构成了文化创造的物质基础；同时文化也是产品上升为精神文化的表现形式，某一特定时期的产品体现了这一时期的文化特征，二者相辅相成、相互影响，是辩证统一的关系。

文化是一个复杂的总体，包括知识、信仰、艺术、道德、法律、风俗，以及人类在社会里的一切能力与习惯。人们出生的地域不同、民族不同、风俗习惯不同、宗教信仰不同、受教育的程度不同等，这些都可以作为文化因素影响人们，导致人们产生不同的人生观和价值观，它会影响人们的行为方式、思维习惯、兴趣爱好等，这种影响会从精神层面逐渐扩展到物质层面。它会影响人们对于产品的欣赏角度与兴趣倾向，因此具有不同文化主题或文化内容的产品都有自己的目标消费群体，这一目标群体对特定类型的文化有着深入的了解，并且具有浓厚的兴趣，围绕这一特定文化进行产品设计会得到相应目标消费群体的青睐，更能引起其对产品的共鸣。

针对特定的文化消费群体设计满足其精神文化需求的产品，是对产品进行准确定位的有效方法。设计师应避免进行缺乏市场针对性的产品设计，合理利用文化资源进行整合、精炼、提升，设计出符合现代消费者需求的文化创意产品。

（二）情感要素

情感是指人们对于客观事物是否满足自己的需要而产生的态度体验。情感是在特定情境中产生的，它是人们对外界环境刺激产生的积极或消极的心理反应。人们在接触某种产品时，它的造型、材质、色彩等特征会在人们的头脑中形成一个总体的印象，这种印象既包含产品自身的美观度，还含有文化、象征等深层意义。人们将这些外部信息接收，通过自己的头脑把相关信息根据每个人特有的方式进行整合，最后生成一种感受，即我们所谓的情感。

科技的进步促使产品的科技化含量越来越高，但这种科技化的产品却忽视了人们对于情感的需求。生活质量的提高使人们不再满足于基本的物质需求，

人们对于情感的需求也在逐渐增长，这是人们由物质需求转向精神需求的必然过程。因此，产品设计中的情感要素也是需要考虑的重要因素之一。

在进行文化创意产品设计时，要根据特定的消费人群进行产品情感要素的分析与研究，由于人们的文化背景、生活习惯、人生经历、价值观念会有不同，对于情感的需求也会有所不同。设计师要有针对性地将积极的情感因素融入产品设计中，在产品的造型、功能方面带给人们感官的体验，在使用方式方面带给人们易用、便捷的体验。这些感受将会与人们的情感、意识、文化背景、生活习惯、人生经历、价值观念等交织一起，使人们获得愉悦与感动，最终实现产品价值。

（三）功能要素

文化创意产品的功能要素是产品设计的基础，也是消费者在选择购买产品时考虑的重要因素（如图3-8所示）。在进行文化创意产品设计时，设计师要认识到功能要素的重要性，它是产品设计的核心环节之一。文化创意产品设计以创意思维和文化资源为依托，通过富有创意的设计赋予产品独特、新颖的功能，从而达到吸引消费者的关注并引发其消费欲望的目的。

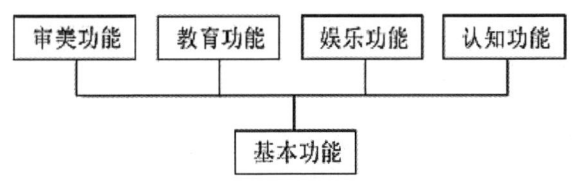

图3-8　产品功能要素分析图

1. 审美功能

俗话说"爱美之心，人皆有之"，对于审美的需求是人们与生俱来的天性，人们将这种审美的需求融入了产品的设计制造之中，使产品具备审美的功能。随着社会的发展，人们的审美水平也逐渐提高，对于审美也提出了新的需求。产品的审美功能主要通过产品的形态、色彩、材质来实现，优美的产品造型、艳丽的色彩、充满质感的材质通过视觉感官途径给人以审美的享受。具有审美功能已经成为产品吸引消费人群的重要因素，是产品提升市场竞争力的重要手段。

2. 教育功能

文化创意产品的设计依靠的是传统文化这一宝贵的文化资源，通过创意的设计将文化资源整合与提升，生产出具有商业价值和高文化附加值的产品。赋予产品教育功能的目的是希望消费者在使用产品的过程中，通过体验性的互动接受相关的文化知识与信息，以提升自身的文化修养。

3. 娱乐功能

文化创意产品的娱乐功能是其产品设计应具备的基本功能之一，这也是顺应消费市场的必然趋势。

娱乐功能作为文化创意产品的重要功能之一，让人们在使用产品的过程中享受产品的娱乐功能所带来的快乐体验。产品以娱乐功能为起点，通过娱乐功能吸引消费者的眼光，然后再继续将人们引入教育的功能和情感的功能之中。在满足人们的娱乐需求的同时，进一步满足人们对于精神和情感方面的需求。

4. 认知功能

产品的认知功能是指产品通过形态、功能、使用方式等创新设计带给使用者一种全新的思维方式和认知感受。如无叶电风扇，它打破了人们传统印象中电风扇的形象，硕大的风扇叶片消失了，只留下了一个中空的圆环结构，冷风从圆环的边缘缝隙吹出。这种无叶电风扇不仅可以避免儿童被扇叶刮伤，同时还拥有时尚的造型和人性化的控制界面，它以创新的设计思维让人们对风扇有了全新的认识，通过产品的使用让人们获得新的认知体验。

（四）形式要素

形式要素主要包括产品的形态、色彩、材质等方面。形式是产品的物化表象，人们对于产品最直观的印象就是形式要素。不同的产品形态、色彩、材质会引起使用者不同的感官感受和心理感受，在进行文化创意产品的设计时需要对这些形式要素进行分析，寻找符合特定使用人群需求的形式要素进行应用，进而从产品的形式上带给人们愉悦的感官享受与心理满足。

1. 形态

文化创意产品的形态是消费者视觉上最为直观的印象，也是产品与消费者进行沟通互动的平台。无论什么样的文化创意产品都需要有一定的物质形态作为载体，文化创意产品的造型设计决定了消费者对产品的第一印象。

人们对于信息的获取大部分是通过视觉完成的，因此通过造型设计吸引消费者的关注是十分必要的，好的造型设计不仅在视觉上给人以美的享受，而且在精神与情感层面也可以给人以愉悦的体验。在进行产品的造型设计时要考虑产品所针对的目标消费群体，如儿童喜欢圆润、可爱并具有夸张性的造型设计，青年人喜欢时尚、科技、动感的造型设计，中年人喜欢成熟、稳重、大气的造型设计,而老年人则喜欢典雅、庄重的造型设计。根据产品的特定的消费人群,选取这一群体对于形态的偏好进行针对性的造型设计,这样才能吸引消费的关注,进而获得消费者的认可。

2. 色彩

色彩是产品设计中重要的组成部分,人们在商场里购物时常常会先被产品的色彩设计所吸引,然后才注意到产品的造型、功能等方面。色彩能够呈现出各种不同的视觉效果,带给人们不同的视觉体验,它还会影响人们对于审美的认知并直接影响人们的心理活动,因此色彩设计的好与坏,对于产品设计的成功与否而言十分关键。

对于色彩设计中冷暖色调对比、调和等方式的运用不仅会对人们的视觉产生刺激与吸引,还会在心理层面带给人以不同的感受。如暖色调给人以温暖、活跃的感觉,而冷色调则会给人以冷酷、安静的感觉。色相的不同也会带给人们以不同的感受,如红色给人以激情、火热的感觉,蓝色给人以宁静、安逸的感觉,粉色给人以梦幻、可爱的感觉,紫色给人以高贵、优雅的感觉,黑色给人以庄重、肃穆的感觉等。

产品在进行色彩设计时需要考虑产品的目标消费人群和产品定位,要根据特定消费人群的需要和产品的主题定位来进行色彩设计。不同的消费人群对于色彩的偏好是不同的:儿童喜欢颜色鲜艳、对比强烈的色彩,如红、绿、黄、橙、紫等;中年人喜欢颜色高雅、色调较为协调的色彩,如黑、紫、蓝、灰等。另外根据产品的主题定位,色彩设计的不同也会呈现不一样的效果,如蓝色、灰色给人以科技与专业的感觉,红色、黄色给人以活力与激情的感觉,黑色、紫色给人以尊贵与高雅的感觉等。只有将消费者的需求、产品的市场定位等问题进行充分的研究与分析后,才能寻找到色彩设计的最佳方案,通过色彩设计带给消费者愉悦的感官体验,并满足消费者的心理需求,最终实现人们与产品情感的交流与共鸣。

3. 材质

材质设计也是文化创意产品设计中十分重要的环节,当消费者面对产品时会通过视觉、触觉,甚至是嗅觉等感官来感受产品,产品应用不同材质的设计会给人们带来不一样的感受,这种感受由感官层次开始,而后进入心理活动的层面,进而带给人们情感的体验。随着生活水平的提升,人们对于产品材质的要求也越来越多元化、个性化,普通的材质与简单的搭配已经不能吸引消费者的关注,也无法带给人们更深层次的体验。

好的产品设计往往需要材质进行渲染与烘托，促使人们引发联想和体味，让人们心领神会而产生情感的共鸣。产品材质可以分为自然材质和人造材质，自然材质如石材、木材、竹材等，而塑料、钢材、铝材、橡胶等都是通过工业加工而成的人造材质。不同的材质蕴含着不同的物理属性，同时也蕴含着不同的情感属性。如木材给人以朴实、自然之感，运用在产品上会给人以温馨的情感体验；拉丝金属材质给人以工业、科技之感，将它运用在产品上会给人以现代、前卫的情感体验；亚光塑料给人以低调、稳重之感，将它运用在产品上会给人以和谐、质朴的情感体验。借助材质所具有的自然属性与情感属性等方面的特征，通过合理的材质搭配，为人们营造出不同的体验感受，进而增强产品在市场上的竞争能力。

二、体验经济背景下文化创意产品设计方法

我们将文化创意产品的设计分为三个层次，依次是感官层、行为层、精神层。感官层涉及产品的形式，行为层涉及产品的功能、使用方式，精神层涉及文化、情感以及审美。感官层、行为层、精神层是依次递进的关系，产品最先在感官的层面与使用者发生联系，而后通过行为的层面与使用者产生行为的互动，最后以感官层面与行为层面为基础，使产品与使用者产生情感的沟通，实现精神层面的体验与心理需求的满足。文化创意产品设计层次划分，如图 3-9 所示。

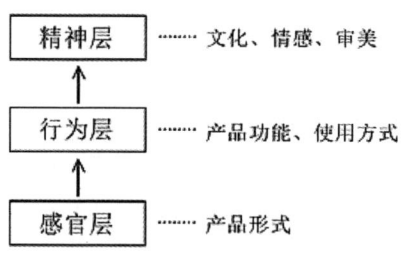

图 3-9 文化创意产品设计层次划分

文化创意产品的设计首先从感官层开始对产品形式进行设计，包括产品的造型设计、色彩设计、材质设计等，通过不同设计方法的应用实现产品感官层面的体验；其次进入行为层，对产品的功能、使用方式等进行设计，通过不同设计方法的应用实现产品行为层面的体验；最后进入精神层，以感官层和行为层为基础，通过不同设计方法的应用赋予产品文化性、情感性、审美性。

（一）感官体验法

感官体验是指通过对产品的色彩、形态、材质等方面进行设计，使产品呈

现出绚丽的色彩、个性的造型、精良的质感、优美的声音、迷人的味道等。通过感官渠道来建立产品与人们之间的交流与互动，为使用者带来视觉、触觉、听觉、嗅觉、味觉等多方面的感官刺激与愉悦的体验，并使使用者在心理与精神层面得到慰藉与满足。

色彩是产品外观形态中最为明显的特征，人们通过视觉最先捕捉到产品，同时产品的色彩也会第一时间给予人们视觉的感官刺激。形态是产品的造型特征，人们通过视觉、触觉可以感知产品的形态，不同的产品形态带给人们不同的视觉、触觉的感官体验。如圆润的造型在视觉上给人以亲和的感觉，在触觉上给人以光滑的感觉；几何的造型在视觉上给人以工业的感觉，在触觉上给人以坚硬的感觉等。材质是产品成型的物质基础，它具有多重物质属性。产品材质的形态、色泽、表面工艺处理、味道等会带给人们视觉、触觉、味觉、嗅觉等多种感官的体验。如亚光塑料在视觉上给人以耐用、安全的感觉，在触觉上给人以温和、舒适的感觉，在嗅觉上给人以工业化的感觉。

综合应用是将产品的色彩、形态、材质等进行整合设计，使产品给予人们全方位的感官体验。通过这种综合的设计应用，促使人们的视觉、触觉、听觉、嗅觉、味觉等感官进行相互沟通，感官彼此之间没有界限的划分，进而实现通感的体验。通感的体验可以使一种感官刺激激发出另一种或多种感觉，就好像人们可以"看"到声音或"嗅"到色彩。通感体验将产品带来的感官体验不断扩展与强化，这种错位的体验感受突出了产品的趣味性，同时增加了人们与产品的交互体验。产品在带给人们感官愉悦体验的同时，这种由感官刺激引起的体验会实现内心的满足感，从而满足人们的情感需求。

感官体验法是通过某种调查方法，让被调查者说出他们对于产品某一方面具体感官的体验感受。感官体验法通常包括调查问卷、访谈等不同的调查设计方法，通过这些方法可以从不同的角度获取用户的信息数据。感官体验法一般应用在产品设计与开发的前期阶段，是寻找消费者对产品感官体验的喜好与倾向的一种方法。感官体验法经过分析与总结后可以从结果中获取消费者在某个阶段的量化信息。感官体验法的研究过程分为以下四步。

1. 选定具体的测试方法

感官体验法采用的测试方法是问卷调查法、访谈法相结合的形式。通过对潜在消费者进行具有针对性的问卷调查与访谈，可以比较全面地了解消费者对于产品的视觉、听觉、触觉等感官方面的信息，从而有助于在新产品设计的初期获得有效的用户数据，对于产品的设计研究与开发具有指导意义。

2. 选定测试人群

测试人群可根据具体的研究内容进行选择，一般可以将测试人群按性别、年龄、学历、职业、收入等类别进行划分和选定。测试人数可以是 30 至 50 人的小范围调查，也可以是 100 人以上的大范围调查。

3. 制定问卷调查表并进行问卷调查

问卷调查内容主要针对用户群体关于色彩通感、形态通感方面的主观感受。在进行色彩通感调查时主要从颜色（红、橙、黄、绿、棕、蓝、紫、黑、白、灰）带给用户的距离感、温度感、情感和味觉感四个方面展开调查，形态通感主要是从形态（方形、圆形、三角形、矩形、椭圆形、菱形）带给用户的软硬感、情感、味觉感三方面展开调查。在对用户进行问卷调查时可以结合访谈法，这样可以相对完整地收集被调查者的具体信息。

色彩通感调查中色彩距离感调查表的具体问题设置：在列表中列出五种对于距离描绘的词语，分别是非常远、较远、适中、较近、非常近，请被调查者根据主观感受选择不同颜色带给自己的距离感受。

色彩通感调查中色彩温度感调查表的具体问题设置：在列表中列出五种对于情感描绘的词语，分别是非常热、较热、适中、较冷、非常冷，请被调查者根据主观感受选择不同颜色带给自己的温度感受。

色彩通感调查中色彩情感调查表的具体问题设置：在列表中列出五种对于情感描绘的词语，分别是激动、兴奋、平和、安静、压抑，请被调查者根据主观感受选择不同颜色带给自己的情感感受。

色彩通感调查中色彩味觉感调查表的具体问题设置：在列表中列出五种对于味觉感受描绘的词语，分别是酸、甜、苦、辣、咸，请被调查者根据主观感受选择不同颜色带给自己的味觉感受。

形态通感调查中形态软硬感调查表的具体问题设置：在列表中列出五种对于软硬感描绘的词语，分别是非常软、较软、适中、较硬、非常硬，请被调查者根据主观感受选择不同形状带给自己的感受。

形态通感调查中形态情感调查表的具体问题设置：在列表中列出五种对于情感描绘的词语，分别是激动、热情、平和、安静、压抑，请被调查者根据主观感受选择不同形状带给自己的感受。

形态通感调查中味觉感调查表的具体问题设置：在列表中列出五种对于味觉描绘的词语，分别是酸、甜、苦、辣、咸，请被调查者根据主观感受选择不同形状带给自己的味觉感受。

4. 对问卷调查进行数据的整理和分析

色彩通感调查表与形态通感调查表的统计方法为每个选项中获得选择数目最高的选项为该项的最终选择结果，对每个表格的调查信息进行统计后，将每一项的最终选择结果填入统计表中。

调查统计表中的结果不是一成不变的，它会随着调查人群的变化而变化，不同年龄、性别、知识背景和社会经验等因素的差异会得出不同的统计结果和最终结论。因此在应用感官体验法时，需要做好目标人群定位，只有这样才能做到信息收集相对客观与真实。

感官体验法具有有效性和真实性，此方法的应用可以获取比较真实的信息数据，同时这一过程比较节省时间、人力和经费。通过感官体验法所获得的信息数据可以作为用户研究的参考和依据。感官体验法强调的是将视觉、听觉、触觉、味觉、嗅觉等感官相互融合、贯通，实现多层叠加的通感体验直至到达身形互通的最高层次。感官体验法既可以获取当前用户群体的具体信息，同时还可以发现用户群体的潜在需求与个性化的需求，为文化创意产品寻找新的设计方向、开拓新的市场领域提供可能。

（二）文化关联法

世间万物相互之间都存在着一定的关联性，有些是显性的关系，有些则是隐性的关系。在进行产品设计时需要寻找到这种事物间关联的因素，将其运用到产品设计中，达到富有创意的设计效果。文化关联法是将文化的形式、内容与产品进行关联，通过应用联系、提炼、整合等多种设计方式，使产品具有文化形式与文化内容，让人们对产品产生文化的认同感，并在使用产品的过程中产生情感的共鸣，感受到产品带给人们的文化体验。

在明确文化创意主题的条件下，首先对相关的文化内容进行调研与分析，从中归纳出与设计相关的具体文化内容与文化形式，并将这些相关的文化内容特征与文化形式特征进行分类归纳总结，将文化大致分为三个层次，分别是文化物态层（如表3-1所示）、文化行为层（如表3-2所示）、文化精神层（如表3-3所示）。然后以文化关联图表的形式表现出来，这有利于设计者进行直观的分析与研究。

表 3-1　文化关联表（文化物态层）

文化类型	名称	文化形式提取
传统器物	传统家具	席、床榻、椅凳、一统碑椅、桌案、箱柜、屏风、架具
	传统茶具	茶杯、茶壶、茶碗、茶盏、茶碟、茶盘
	传统香炉	置香炉、柄香炉、象炉
	传统雕塑	陶雕、木雕、骨雕、象牙雕、玉雕、石雕
	传统国画	人物、山水、花鸟
	传统书法	大篆、小篆、隶书、草书、楷书、行书
	传统服饰	前秦服饰、秦汉代服饰、魏晋南北朝服饰、宋代服饰、辽及元代服饰、明代服饰、清代服饰、民国服饰
	传统建筑	宫殿、坛庙、城墙、寺观、佛塔、牌坊、桥梁、民居、园林

表 3-2　文化关联表（文化行为层）

文化类型	名称	文化内容提取	文化形式提取
传统风俗	春节	辞旧迎新、祈求丰年、祭奠神佛、祭奠祖先	放鞭炮、贴春联、吃饺子、挂灯笼、发红包、贴窗花
	元宵节	正月十五逢满月，象征团圆美满	吃汤圆、猜灯谜、赏花灯、舞狮子、踩高跷
	清明节	祭奠祖先	扫墓、踏青、植树
	端午节	纪念屈原、全民健身、防疫祛病、避瘟驱毒、祈求健康	吃粽子、赛龙舟、饮雄黄酒、佩香囊、挂菖蒲、蒿草、艾叶、薰苍术、白芷
	七夕节	妇女们穿针乞巧、祈祷福禄寿活动、礼拜七姐	乞巧活动（穿针引线验巧、做小物品赛巧、摆上瓜果乞巧）
	中秋节	希望一家团圆、合家欢乐	吃月饼、赏月、玩花灯、舞火龙
	重阳节	老人节，希望老人健康长寿	登高、吃重阳糕、赏菊、饮菊花酒、佩茱萸
	腊八节	欢庆丰收、祭祖敬神、逐疫	喝腊八粥、做腊八蒜

表 3-3　文化关联表（文化精神层）

文化类型	名称	文化内容提取	文化形式提取
传统哲学思想	儒家思想	仁爱、谦逊、中庸之道	《诗经》《尚书》《礼仪》《周易》《春秋》
	道家思想	天道无为、道法自然	《老子》《庄子》
	佛教思想	佛性本有、见性成佛	《金刚般若波罗蜜经》《妙法莲华经》
	法家思想	以法治国	《商君书》《韩非子》
	墨家思想	兼爱（人人平等相爱）、非攻（反对侵略战争）	《墨子》
	名家思想	去尊（人与人之间平等）、偃兵（反对用暴力统一天下）	《公孙龙子》《宋子》
	杂家思想	采儒墨之善，撮名法之要（集合众说、兼收并蓄）	《吕氏春秋》《淮南子》《尸子》

1. 文化形式关联法

文化形式包括实质层面与虚化层面，文化形式的实质层面是指人造的器物，人造器物的发展过程体现了文化演化的过程，人造器物是构成文化造物的物质基础。在进行文化创意产品设计时，可以从产品形态的角度切入，通过对传统器物形态、色彩、材质方面的借鉴、引用与重构等方法，设计出具有文化形式特征的文化创意产品。如编钟是中国古代传统的打击乐器，由青铜铸成，根据音调的高低被依次排列并悬挂于巨大的钟架之上，编钟的形象早已深入人心，它是中华文化的瑰宝。我们可以将编钟的形态引入文化创意产品的设计中，通过对编钟造型的提炼、整合，提取出编钟典型的形态特征，并将这一形态特征用于调味瓶的设计，使调味瓶的形态具备典型的文化特征，当人们使用调味瓶时会引发关于文化的联想，增添调味瓶的文化趣味。

文化形式的虚化层面是指人们的行为，这种行为是人们在社会实践与人际交往中约定俗成的习惯性定式。人们的行为习惯与行为方式呈现出文化的特征，如茶道是人们饮茶、品茶的传统行为方式，包含沏茶、赏茶、闻茶、饮茶等行为，在进行文化创意产品设计时，可以将这一传统行为引入，通过对传统行为进行继承、发展与演绎等方法，构建新的产品使用行为，使产品的使用行为具有文化的特征，当人们在使用产品时会引发针对文化的联想与体验。

文化形式关联法的应用过程分为以下三步。

（1）文化形式的提取

应用文化形式关联法需要对相关的文化形式进行提取，提取时可以从文化关联表中进行选取，在明确文化创意产品设计主题的条件下，根据需要在不同的文化层次、文化类型中寻找相关要素，此次方法演示的文化类型选定为传统风俗，节日名称为端午节（如表3-4所示）。

表3-4 文化形式提取表

文化分层	文化类型	名称	文化形式提取
文化行为层	传统风俗	端午节	吃粽子，赛龙舟，饮雄黄酒，佩香囊，挂菖蒲、蒿草、艾叶，薰苍术、白芷

（2）从图表中选取相关要素

首先将文化形式进行特征提炼，使具有明显特征的产品形式或使用行为保留下来，并以图表记录的形式显示出具体的信息。然后从文化形式图表中选取与产品设计相关联的要素，图表中归纳的形式要素包括形态、色彩、材质和使用行为等，在选取形式要素时可以选择其中某一要素，也可以选择多种要素，具体情况应该根据实际的设计需要来进行选择，选取内容如表3-5所示。

表3-5 文化形式要素提取表

名称	文化形式提取	图片	具体形式提取			
			形式要素			行为要素
			形态	色彩	材质	
端午节	粽子		三角形	绿色、黄色	荷叶、糯米	由于南北方饮食文化的不同，对于粽子的吃法也十分多样。北方人喜欢将红枣包入粽子之中，煮熟后配以白糖食用，口味偏于甜口；南方人则喜欢将肉馅包入粽子之中，口味偏于咸口

（3）对文化形式要素进行优化重构

在图表中选取形式要素后，将提取出来的具有明显特征的形式要素与设计的主题与定位相结合，对产品形式或使用行为展开进一步的优化，并依据需要进行不同程度的分解与重构，使产品形式或使用行为具有典型性、代表性的同时还兼具创新性，这有利于文化形式以崭新的面貌继续发展与延续。

2. 文化内容关联法

文化内容是指传统文化的精神内容层面。传统文化的内容十分丰富，每一种特定的文化内容都体现出不同的文化精神。如儒家思想提倡仁爱、谦逊，道家思想提倡天道无为、道法自然，禅宗思想提倡佛性本有、见性成佛等，这些都是传统文化精神的体现，设计师可以在这些文化内容中寻找适合的素材，通过沿袭、再现、整合等方法将其引入产品设计中，使产品具有特定的文化精神。

文化内容关联法的应用过程分为以下四步。

（1）文化内容的提取

根据产品设计的目的与主题，选择与主题相关的文化内容进行关联，需要在传统文化精神内涵中寻找设计的灵感，通过文化关联表对文化精神内容进行提取，得到需要的典型文化特征。

文化内容涉及传统文化的很多领域，在进行文化内容的选取时需要了解相关文化内容属于哪一类传统文化的范畴，然后再进行文化内容的选取，这样才具有研究的准确性和针对性，具体内容如表3-6所示。

表3-6 文化内容要素提取表

文化分层	文化类型	名称	文化形式提取
文化精神层	传统哲学思想	儒家思想	仁爱、谦逊、中庸之道

（2）从图表中选取相关文化内容

通过图表可以直观地了解具体文化内容中所提取出的文化内容要素。选取的文化内容要素需要与主题相符合，选取一种或多种文化内容要素均可，将文化内容要素作为文化内容关联的主要对象。

（3）将选取的文化内容要素进行关键词转换

在选取与主题相符合的文化内容后，需要对具体文化内容的含义进行深入的提炼，通过应用头脑风暴法获得具体文化内容含义的关键词，在众多关键词中选取一个或几个，使其可以准确地体现出该文化内容的含义，具体方法如表3-7所示。

表3-7 关键词转换表

文化内容提取	关键词转换
中庸之道	稳重的、传统的、大众的、严谨的

（4）将选取的关键词转换成造型语言

首先从关键词列表中选出一个或多个关键词，该关键词要具有代表文化内容的典型特征。然后围绕关键词再进行一次头脑风暴法，这一次的头脑风暴法主要以寻找体现产品语言的关键词为主要内容，具体方法如表3-8所示。在获得众多体现造型语言的关键词后，将这些关键词应用在具体的产品造型、色彩以及材质的设计中。

表3-8 关键词扩展表

关键词转换	关键词扩展
严谨的	平衡的、有规律的、哲学的、正统的、协调的、对称的、有格调的、高贵的、豪华的、古韵的

文化内容关联法的应用使产品具有文化的形式与文化的内容，通过设计的方式使产品具有物态文化的特征，人们对物态文化的解读会与精神层面产生关

联，进而将产品上升到精神层面并体现文化的精神。产品所具有的实用功能是它物质层面的基础功能，当产品经过人们长期使用后，它的形态开始具有特定文化的象征性与代表性，这时产品便具有了精神层面的含义。这种特定的文化内涵以视觉符号的形式继续延续，重新回到物质的层面成为新产品借鉴与引用的对象。具有典型符号特征的产品形态会引发人们对特定文化的联想，并产生情感的共鸣；当产品形态特征又一次实现精神层面的象征后，它将会成为代表更广泛、更具深刻意义的符号特征并应用到新的产品中，这一过程将会不停地循环与发展，具体过程如图3-10所示。

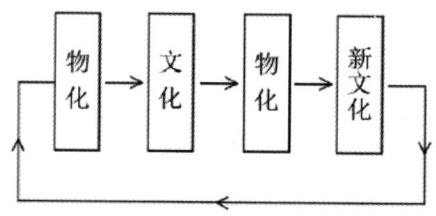

图3-10 产品从物化层到文化层的转换

（三）差异体验法

差异体验法是指在产品设计中运用非传统、非常规的设计思路与方式，使产品具有较高的创新性，为使用者提供与众不同的体验效果。应用差异体验法的目的是针对不同的使用群体进行不同的差异体验设计，通过差异化方法的应用实现产品的创新设计，在形式、功能、情感、文化方面带给人们多方位的体验感受。

差异体验法可以从不同角度对体验进行研究，本书主要以功能差异体验为研究的切入点。功能差异体验是指通过产品所具有的独特功能带给人们差异化的体验感受。如马克杯是盛水的容器，这是它的基本功能，可以给马克杯的图案应用新的工艺处理，当热水倒入杯中时，杯体温度升高，水杯的图案因受热呈现出来，在杯体温度降低时图案又会消失，这一设计使马克杯具备了新的审美功能。通过功能的差异会形成一种全新的体验，这样可以拉开与同类产品的差距，突出功能差异化体验的特点。

功能差异体验法主要运用观察法、访谈法、问卷调查法对目标用户群体进行相关体验信息的收集，通过分析法对收集的体验信息进行归纳，进而总结出目标用户对于产品差异化的需求，针对目标用户的差异化需求实施具体的设计。

功能差异体验法基本分为以下四个阶段。

1. 选定目标用户与设计主题

选定用户群体并根据用户需求确立产品设计的主题。用户群体按年龄层次可以分为儿童、少年、青年、中年、老年,按性别可以分为男性用户群体和女性用户群体,还有按学历、工作、收入等类型进行目标用户群体的划分,因此用户定位需要同具体的实际情况相结合,从而准确地对用户群体进行划分。

2. 选定测试方法,获取目标用户需求

对目标用户群体采用李克特量表形式获取用户的功能差异化需求。李克特量表是由美国社会心理学家李克特发明的,该量表由一组陈述组成,每一陈述有"非常需要""需要""不一定""不需要""非常不需要"五种回答,分别记为1、2、3、4、5,每个被调查用户对某项功能需求态度的分数之和就代表该项所体现的用户需求度,每一个功能选项的总分可说明用户的态度强弱或用户在这一量表上的不同状态。量表的具体调查内容包括产品的使用功能、审美功能、娱乐功能、教育功能、认知功能五个方面的具体需求。用户根据量表给出的产品范畴再结合自身需求,对产品的不同功能选项进行评分,具体内容如表3-9所示。量表面对的是目标用户群体,进行量表测试的人数一般为30～50人,具体测试的人员数量可以根据具体的项目要求进行增加。

表 3-9　功能选项评分量表

名称	功能选项	非常需要	需要	不一定	不需要	非常不需要
功能差异体验	使用功能	5	4	3	2	1
	审美功能	5	4	3	2	1
	娱乐功能	5	4	3	2	1
	教育功能	5	4	3	2	1
	认知功能	5	4	3	2	1

3. 进行信息的整理

对用户填写的量表信息进行整理,将用户对不同功能选项的评分数据进行统计。统计的具体方法是将不同用户对相同功能选项的评分进行求和,具体内容如表3-10所示,然后将每项功能选项的总分进行由高到低的排列,得分最高的选项说明它是用户目前最需要的功能,具体内容如表3-11所示,得分最低的选项说明它是用户目前最不需要的功能。但是得分相对较低的功能选项有可能成为未来用户的潜在功能需求,因此可以对信息统计的最终结果进行更深层次的分析与研究,进一步挖掘潜在的用户需求,这样可以提前预测市场,把握市场机遇。本次量表以端午节文化创意产品为主题对用户群体进行调查,并对用户群体的投票数据进行统计,参与投票的人数为30人。

表 3-10 功能选项评分数据统计表

名称	功能选项	数据统计
功能差异体验	使用功能	134 分
	审美功能	129 分
	娱乐功能	117 分
	教育功能	127 分
	认知功能	99 分

表 3-11 功能选项评分数据排名统计表

名称	功能选项	统计排名
功能差异体验	使用功能	1
	审美功能	2
	教育功能	3
	娱乐功能	4
	认知功能	5

4. 将功能需求体验融入产品设计

在功能选项统计排名图表中挑选出得分相对较高的一项或几项，针对这些功能进行具体的功能延伸，满足用户对于产品功能的需求，实现产品相对于市场其他产品在功能上的差异，给予目标用户愉悦的功能体验。本次量表以端午节文化创意产品为主题对用户群体进行调查，最后统计的结果按照分数排名依次为使用功能、审美功能、教育功能、娱乐功能、认知功能。从排名统计的结果可以看出，使用人群对端午节文化创意产品最为重视的是使用功能，因此在设计端午节文化创意产品时应该着重考虑功能要素，强化产品的功能性。

三、体验经济背景下文化创意产品设计原则

本书将体验经济背景下文化创意产品的设计原则归纳为目的性原则、互动性原则、情感性原则三部分。

（一）目的性原则

目的性原则是指在进行产品设计时，要围绕一定的主题，通过对文化资源的整合与提升，寻找到文化创意产品设计的主题方向。产品的主题特征是吸引消费者的关键因素，恰当的主题设计会将消费者引入特定的情境当中，让消费者感受到主题文化的魅力，并在精神层面产生共鸣。

对于产品主题的选取要有针对性，根据消费人群的不同选择适当的主题。如今消费者越来越趋于个性化，对于具有个性特征的文化内容兴趣浓厚。针对

儿童消费群体可以选择动漫文化作为主题，从鲜活的动漫人物与故事中寻找产品设计的主题方向。针对年轻消费群体可以选择流行文化作为主题，从音乐、影视等方面寻找具有吸引力的主题内容。针对中年以及老年消费群体则可以选择传统文化作为主题，从戏剧、戏曲、国画等方面提取产品设计的主题内容。

（二）互动性原则

互动性原则是指在进行产品设计时，要将互动体验的设计理念融入其中，让消费者在使用产品的过程中与产品有一种互动，并且在使用产品的过程中产生愉悦的体验。

将互动体验设计引入文化创意产品设计可以增强文化创意产品的互动性。传统的产品总是在被动的环境下供人们使用，这种被动的状态导致产品与使用者之间无法产生良好的互动，许多产品由于设计定位的错误导致产品连基本的使用功能都不具备，更无互动性可言，其结果也必然是被市场所淘汰。现代社会竞争压力越来越大，人们之间的沟通越来越欠缺，因此产品设计应该关注这一问题，使产品不再是人们使用的简单工具，可以通过互动的设计增加产品的参与性，使沟通变得自然，让人们在互动中感受参与的快乐。

（三）情感性原则

经济的发展与科技的进步使人们的生活有了翻天覆地的变化，物质的充裕使生活质量也得到提高。在这种条件下，人们对于产品的需求就不只停留在满足基本使用功能的层面，而是希望产品还能够满足人们对于心理层面的需求。基于这种需求的考量，设计师在进行产品设计时除了让产品具备基本的使用功能外，还应该将情感因素融入产品设计中，让产品与使用者之间能够产生情感的交流。

根据马斯洛需求层次理论的研究可知，当人们在满足了基本的生理需求与安全需求后，人们的需求层次就会进入对于情感和归属的需求层次上来，希望得到来自亲人、友人抑或是爱人的关心与照顾。在这种需求背景的影响下，情感因素也成为产品设计中重要的组成部分，它包括产品自身物质属性所蕴含的情感因素、使用方式的不同隐含的情感因素以及使用者的心理活动和情感反应，通过整合以上因素寻找到产品与人们心理和精神层面相互交流的最佳方式，给予人们情感的体验，使产品更具有人文气息。

四、体验经济理念融入文化创意产品的必要性

我们主要从体验经济理念与文化创意产品的关系、体验经济的融入有助于文化创意产品综合能力的提升和体验经济的融入有助于文化创意产品综合效益的提升这三个方面阐述体验经济理念融入文化创意产品的必要性。

（一）体验经济理念与文化创意产品的关系

文化创意产品属于文化创意产业范畴，它是一个新兴的产业门类。文化创意产业作为新兴的具有重要战略意义的产业，它以科技为依托，以文化资源和创意资源为核心，并得到政府的引导和政策的扶持，促使文化创意产业成为拉动经济增长的重要动力。体验经济是人类社会从农业经济、工业经济、服务业经济转型到体验经济的第四个发展阶段，体验经济理念的核心是将体验从服务中分离出来作为经济提供物。一边是文化创意产品所归属的新兴产业，另一边是经济形态转变为体验经济的时代背景，在新兴产业崛起与经济形态转变的情况下，这两者必然会相互影响、相互促进、相互结合。文化创意产业必将成为未来经济发展的重要支柱，这是毫无疑问的，而体验经济时代也是经济发展的必然趋势。因此，在体验经济的影响下文化创意产品应该借鉴体验经济以提供有效的体验价值为服务中心的理念，进行产品的设计与市场推广，在这种模式下文化创意产品将会拥有全新的发展平台。

（二）体验经济的融入有助于文化创意产品综合能力的提升

体验经济的融入有助于文化创意产品综合能力的提升具体体现在两个方面，一方面体现在体验经济的融入有助于文化创意产品吸引力的提升，另一方面体现在体验经济的融入有助于文化创意产品竞争力的提升。

1. 体验经济的融入有助于文化创意产品吸引力的提升

文化创意产品在国内市场种类众多，但是许多产品的设计都极为相近，有的甚至直接抄袭别的品牌的畅销产品，而且有些产品既没有功能性也不具有美观性，更不会给消费者带来难忘而独特的体验。究其原因主要是在设计之初就没有考虑到消费者的需求，企图通过照搬、抄袭的方式实现经济价值的最大化，结果却是以失败而收场。但若将体验要素融入文化创意产品则会大大提升产品的吸引力。体验设计需要设计者深入地研究消费者的心理需求，通过对产品外观、色彩、材质、使用方式等方面的设计来满足消费者的心理需求，从而让消费者留下美好的回忆。文化创意产品需要围绕特定的主题展开设计，并融入体

验设计，在各种感官体验的刺激下，让人们体会到新奇与快乐，这样产品必然会吸引消费者的目光并赢得市场的肯定。

2. 体验经济的融入有助于文化创意产品竞争力的提升

目前，文化创意产品市场竞争较为激烈，在琳琅满目的产品中怎样才能脱颖而出呢？在体验经济的时代背景下，只有满足人们体验需求的产品才可能受到消费者的关注和认可。因此将体验融入文化创意产品的设计中是市场发展的一种趋势，也是增加产品竞争力的重要手段。当其他品牌的产品还在以产品的造型和功能为营销重点的时候，以体验为价值核心的文化创意产品将重新定义产品的内涵，通过赋予产品独特的体验性，不仅使产品满足消费者日益增长的个性化需求，而且还使产品具有互动性与情感性。产品的个性化需求是消费市场发展的必然趋势，与此同时，产品具有的互动性和情感性可以增进消费者与产品之间的交流，拉近消费者与产品的距离，这类产品将以领先市场的定位获得市场的份额，实现体验价值的最大化。

（三）体验经济的融入有助于文化创意产品综合效益的提升

体验经济的融入有助于文化创意产品的综合效益的提升，其中综合效益主要分为经济效益、社会效益和文化效益。

1. 体验经济的融入有助于文化创意产品经济效益的提升

体验经济对文化创意产品经济效益的提升是显而易见的，这一作用体现在体验经济可以为文化创意产品带来更多的价值体验，以增加产品的综合价值，实现产品经济效益的提升。随着经济的发展和生活质量的提高，人们的消费需求已经发生了转变，现在消费者购买产品不仅是为了获得产品的使用功能，还希望得到一种个性化的、愉悦的体验。产品体验能够满足人们对于情感和精神层次的需求，人们愿意为这种体验支付费用，这是市场的发展趋势。因此产品要顺应市场的发展趋势，满足消费者的相关需求，提供含有体验价值的产品或服务，在满足消费者需求的同时实现经济效益的提升。

2. 体验经济的融入有助于文化创意产品社会效益的提升

体验按类型可分为四种，它们分别是娱乐的体验、教育的体验、逃避现实的体验及审美的体验。文化创意产品可以将这些体验类型融入产品之中，为人们带来多种体验感受。通过购买和使用文化创意产品，消费者从中了解产品的文化内涵、增长自己的见闻、提高自己的文化修养、增强自己对民族文化的传承和保护意识。将体验融入文化创意产品并面向市场推广，既可以满足消费者的需求，提升产品的经济效益，同时又可以增加人们对区域文化的认知，实现社会效益的提升。

3. 体验经济的融入有助于文化创意产品文化效益的提升

消费者在购买文化创意产品时，通过产品的物质属性、功能感受等方面可以体会到文化的气息，体验的引入会增加产品的体验感受，让人们从感官体验上升到精神层次的高度，这样可以更加深刻地感受到文化的魅力，满足人们的精神需求和情感需求。不同的产品体现出不同的文化特征和文化内涵，人们可以通过产品了解和学习相关的文化知识，提升自身的文化修养。这也有助于传统文化的传承与发扬，提高消费市场的文化氛围，在获得经济效益的同时也实现了文化效益的提升。

第四章　基于用户体验的文化创意产品设计

第一节　用户体验与文化创意产品

一、用户体验概述

（一）用户体验的概念

用户体验，指的是用户在使用产品或者享用服务的过程中所建立起来的一种纯主观的感受，包含行为、认知、情感、信仰、喜好、生理和心理的反应等多个方面的内容。在 2010 年 3 月 ISO 大会上通过的人机交互设计指导国际标准中，对用户体验的定义是"人们对于针对使用或期望使用的产品、系统或者服务的认知印象和回应"，通俗地说就是这个产品或者系统是否好用，用起来是否方便、是否有趣，能否受大众欢迎等。用户体验所关注的，并非一件产品或一个系统的功能和工作原理，而是产品或系统在被使用之前、使用期间及使用之后的这一整个过程中，与用户之间所产生的联系与相互作用，即用户是如何接触、使用产品或系统的。由于用户个体之间存在着差异，这就使得每一个具体的用户在使用产品或系统的过程中得到的感受是不一样的，因而用户体验在一定程度上带有不可避免的主观性和不确定性，但是对于一个界定明确的用户群体来说，其用户体验的共性是可以通过良好的设计实验来实现的。

用户体验的概念最早是由美国著名认知心理学家、计算机工程师、工业设计师唐纳德·诺曼在 20 世纪 90 年代中期提出的，在之后很短的时间里，这个概念就在人机交互领域得到了迅速推广与应用。在诺曼看来，用户体验主要以产品的可用性和以用户为中心的设计作为基础，侧重研究在倡导设计师能够追求自身审美的同时，如何让产品变得简单易懂、便于使用，从而更好地满足用户的实际需求。他认为设计师完全有能力创造出集实用性、安全性和美观度于一体的优良的产品，优秀的设计可以融合多方面的设计因素，让产品兼具艺术性、功能性、趣味性和独创性等多重属性。所以优秀的设计应该是设计师和用户之间所进行的有效沟通，而在这个过程中，产品则作为一种载体，是沟通的桥梁。

美国的市场营销学专家伯恩特·施密特对人脑模块和社会心理学相关学说进行了详尽而又深入的研究，并在其著作《体验式营销》一书中，将消费者的体验分为感官体验、情感体验、思考体验、行为体验、关联体验五大体验体系，如图4-1所示。

图4-1　伯恩特·施密特用户体验体系

在这个体系中，感官体验作为最基础的本能感受，主要包含人的五感体验，即视觉、味觉、嗅觉、听觉和触觉；情感体验指的是用户在接触和使用产品的过程中所产生的内心的感受，这其中包括所引发的对过去某种情感的记忆和新创造的情感；思考体验是指用户在产品的引导下产生疑问、引发思考、创造认知的体验；行为体验主要是指用户在与产品的互动过程中，对产品使用、可用、易用的感受体验；关联体验则是包含了前面说到的感官、情感、思考、行为等多方面体验的综合作用而产生的全新感受，其超越用户个体的情感和认知，让用户与理想自我、他人、环境或者某种文化产生关联。

随着社会经济形态的不断发展，体验经济的概念应运而生，并且慢慢地渗透到人们生活的方方面面。在这一过程中，产品逐渐从标准化的生产转变为个性化的定制，产品属性变得日益丰富，而这些基于体验的产品的出现，让人们开始重新思考对设计的认识。设计已不再是过去单纯对物件的静态构建，而是对事件的动态创造，事件依附于物件，物件作为事件发生的载体，为用户体验的营造提供一个平台。

由此可见，作为载体和媒介，产品除了需要具备良好的外观和实用的功能，还要能够在被使用的过程中，带给用户以独特而有趣的体验。所以，在体验经济时代，用户体验设计需要赋予产品除了方便舒适的使用价值外以更多的具有创造性、开放性、独特性的体验价值，从而让产品能够更好地满足用户的精神需求。在当下的计算机软件开发、互联网开发、智能手机应用设计、工业设计等领域中，用户体验设计已经得到了广泛的应用。但就用户体验的重要性来看，用户体验设计应该被推广到更为广泛的设计领域中去。可以毫不夸张地说，任何领域的设计师都有必要将用户体验设计的理念纳入自己的设计工作中去。在个性化日益凸显的当今社会，用户体验设计将向着更为广阔的领域不断发展，从工作、生活、休闲娱乐等各个方面影响人们的未来。

（二）用户体验的需求层次

从过程来看，用户体验的生命周期具有吸引期、熟悉期、交互期、保持期、拥护期这五个阶段，如图4-2所示。一个产品能够吸引用户往往是体验的第一步，产品需要通过什么样的方式和手段来吸引用户也是设计师首先需要考虑的问题。接下来用户开始接触产品，在这个阶段，主要是通过一系列的设计语义，让用户能够自行对产品有一个摸索熟悉的过程。对产品有了一定的了解之后，用户开始使用产品，而在这个过程中，产品是否好用、能否满足用户的生理与心理需求，用户将会产生多方面的感受。而基于接触与使用过程中的感受，用户会考虑是否要再一次使用产品以及是否要向身边的人推荐这个产品。

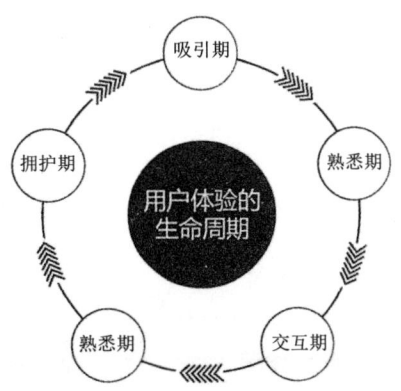

图4-2 用户体验的生命周期模型

设计师势必期望用户体验是一个循环的、长期的过程，而不是直线的、一次性的。好的体验可以很容易地就吸引到用户，带给用户良好的感受，让用户想要再次使用，并且逐步形成忠诚度，转而告知他们身边的人，带来更多的用户。可见，设计师想要为用户提供优良的体验，就必须考虑如何更好地去满足用户的需求。

随着体验经济时代的到来，社会产业结构在不断地优化升级，用户的需求结构也随之出现了相应的发展和变化。在现代生活消费中，用户都是为了满足自身的某些需求而进行消费活动，经济学家提勃尔·西托夫斯基曾经说过："人类富足之后主要的表现是更频繁地聚会吃喝，他们会增加自己认为重要的聚会和节日的数量，直到最终把它们变成像周末晚宴那样的惯例。"这种情况表明，人们的需求会随着物质的丰盈而转向更高级的精神享受，重视生活的品质，种种祈愿与梦想也应运而生。在物质生活高速发展的今天，人们比以前更为关注情感方面的体验，而体验经济也正是在这种需求不断增加的情况下产生的。因而，全面地了解用户体验需求的层次就显得尤为重要。

受到时间与环境的影响，人的需求层次是不一样的，即便是同一个人，在不同的发展阶段，其需求层次也会不断发生变化。1943年，美国著名心理学家亚伯拉罕·马斯洛在他的《人类激励理论》论文中创造性地提出了人的需求层次理论。按照他的理论，人的需求可以分为五个层次，从低到高依次为：生理需求、安全需求、社交需求、尊重需求、自我实现需求，如图4-3所示。通俗地理解，就是假如一个人同时缺乏食物、安全、爱和尊重，通常其对食物的需求度是最强烈的，其他需要则显得不那么重要，此时人的意识几乎全被饥饿所占据，所有能量都被用来获取食物。在这种极端情况下，人生的全部意义就是吃，其他什么都不重要。只有当人从生理需要的控制下解放出来时，才可能出现更高级的、社会化程度更高的需要，如安全的需要。

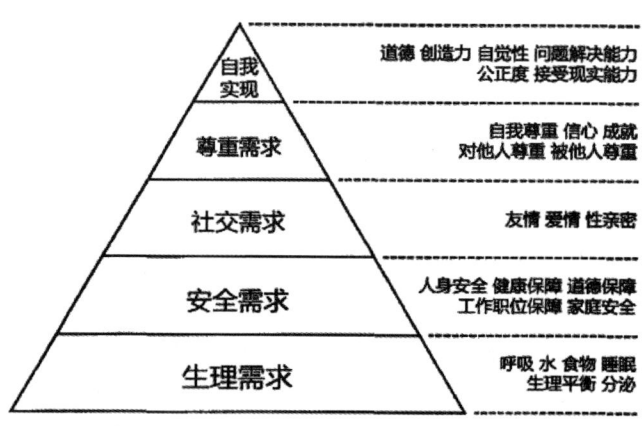

图4-3 马斯洛需求层次理论

在此基础上，体验经济时代的用户需求又发生了一些变化。与马斯洛需求层次相比较，在体验经济时代背景下，用户对产品的需求更多地集中在功能需求之上，要求体现感官、情感等方面的体验需求。马斯洛需求层次与体验经济时代背景下用户对产品的需求层次对比，如图4-4所示。

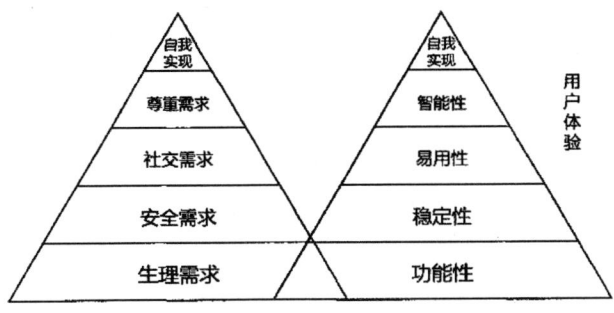

图4-4　需求层次对比

用户体验需求不是单一的、静止的对某个"点"的感受，而是多维的、动态的，形成"面"的感受。产品设计中的用户体验是用户在实现目标的过程中所经历的一系列生理和心理变化，并随着时间的演进和互动的深入而变化。

二、基于用户体验的文化创意产品的设计特点

前文中谈到了用户体验的概念和特征，结合目前国内外市面上现有的一些优秀文化创意产品的设计案例，笔者在此对基于用户体验的文化创意产品设计的特点进行归纳总结，主要包括三个方面的内容：独特的感官体验营造、有趣的使用体验创造、回忆与思考等情感体验唤醒。不过，虽然对基于用户体验的文化创意产品的设计特点进行了这样的一个明确划分，但下文中所列举的具体文创案例所呈现的具体情况并不一定会与之一一对应，毕竟用户体验是人对产品的综合性的感受，一件文创产品带给用户的体验也不可能全都是单一维度的，可能会包含多个维度的感受体验，而优秀的文化创意产品设计也应该将多种特点巧妙地融合在一起。

（一）独特的感官体验营造

感官体验，指的是用户在接触产品的过程中，产生的视觉、听觉、触觉等方面的感官印象，这些印象是先于意识的。而独特的感官体验带给用户的是一个与众不同的第一印象，能够更好地激发用户的购买欲。这一类文化创意产品的设计侧重于产品的造型或者质感，强调产品带给人的第一印象。

如图4-5所示的产品，左侧是迪士尼商店设计推出的造型马克杯，水杯选取了迪士尼经典动画形象米老鼠的身体，通过巧妙的造型设计，将手做成弯曲叉腰状，实现了用作杯把的功能，双脚并拢后做出外八的站立姿势，能使水杯牢牢地放置在桌面上，而身体的部分做成恰如其分的中空，在实际使用时用以

盛装液体。虽然没有直接出现米老鼠形象的面部特征，但是具象的可爱站姿和经典的红黑黄配色就已经足够吸引消费者的眼球，并且以米老鼠在世界范围内的影响力，想必看到的人都能够认出这就是那只可爱的老鼠。与右侧的简洁造型的马克杯相比，两者的不同之处可谓一目了然。很明显，迪士尼商店推出的水杯以其独特可爱的造型设计深深地抓住他们的目标消费群体——爱好动画角色的青少年儿童和仍葆有童真的唐老鸭的忠实粉丝，这款马克杯在商店一经推出便备受瞩目。特点鲜明的水杯给消费者营造了一种过目不忘的视觉感官体验，将品牌的文化元素巧妙地转换成产品的造型，可爱而诙谐幽默，一下子就吸引了消费者的眼球，这无疑是其成功的重要因素。

图 4-5　米老鼠造型水杯与普通水杯

（二）有趣的使用体验创造

使用体验，指的是用户在使用产品的过程中对产品易用性与效用性的感知。有趣的使用体验的创造，需要在强调人体工程学，充分考虑用户使用产品过程中的每一个步骤细节，在创建方便易用的用户体验的前提之下，将重心转向产品与用户的互动创新。这一类文化创意产品的设计强调使用过程的新颖性，丰富用户与产品之间的互动体验，在用户使用产品的过程中充分激发用户的兴趣，满足用户个性化的情感诉求。

如图 4-6 所示，这是一个名叫 Teasub 的茶包设计，来自以色列特拉维夫的设计工作室 Ototo Design 的设计作品。黄色的潜水艇造型，隐约能让人联想到那永恒的经典《黄色潜水艇》（*Yellow Submarine*）中弗雷德驾驶着一艘黄色的潜水艇请来披头士的四个成员击败邪恶的蓝色坏心族的一幕，当然，这仅仅只是隐藏的彩蛋。这款茶包采用了安全无毒而且耐热的硅胶材质制作，为用户的饮茶安全提供最可靠的保障。潜水艇的舱盖可以反复打开使用，茶叶的放入、茶渣的倒出以及茶包本身的清洁都十分简单而方便。最主要的是用户在用这个茶包泡茶的时候，手捏住链绳的一端，将茶包提起来旋转，可爱的茶包就仿佛一艘真正的潜水艇在水中畅游,同时从茶包孔中散发出茶叶的精华,慢慢地将茶水染色,留茶的芳香于水中。与市面上现有的广泛被做成一次性使用的茶包产品相比,这款潜水艇茶包创造了一个丰富的使用过程,使得原本平常到被人忽略的动作变得如此充满乐趣,也正是这种有趣的互动体验赋予了产品独特的魅力。

图 4-6 Teasub 茶包

(三)回忆与思考等情感体验唤醒

情感体验,与前面提到的感官体验和使用体验不同,如果说前两者是即时的短期的体验,那么情感体验所持续的时间要长得多。具有这一类特点的文化创意产品往往能够唤起用户的某些回忆,或者引发用户的思考,能够让用户产生相比感官体验或者使用体验持续时间更为长久的情感体验。文化创意产品在具备了前面提到的若干特点的同时,如果其暗含的一些特殊的文化信息能够触发用户的某些美好的回忆或者意识的认知,那么这个产品对特定的用户就会因为变得不可替代而与用户建立更为长久稳定的联系。在这个过程中,文化创意产品可以通过向用户传达一定的信息引导用户进行思考,也可以通过独特的品牌价值和文化价值与用户建立意识层面的联系,进而唤起用户的回忆与自我认知。

如图 4-7 所示是由台北"故宫"设计推出的"朕知道了"系列胶带用品。贴纸上的文案来源于台北"故宫博物院"藏品《清康熙皇帝朱批奏折之御笔墨宝》,"知道了"是古代皇帝平日批阅大臣们的奏折时经常会用到的一句话,以表示自己已经看过上报的奏折,语气中透露出不凡的帝王气概,令人敬畏。而台北"故宫博物院"推出的这款胶带产品,上面的字正是康熙皇帝的真迹,如此巧妙的组合,将原本威武庄严的"皇帝文化"以一种幽默诙谐的姿态展现在世人面前,特别是对于去到台北"故宫"实地游览的游客而言,这款胶带更是能够以一种调侃的手法将其带入游览地的情景当中去，引发其对于过去宫廷生活的无限遐想。一句简单的"朕知道了"幽默地将宫廷文化表达得淋漓尽致，带给用户的则是对皇家生活充满想象空间的情感体验。

图 4-7　"朕知道了"系列胶带

第二节　用户体验与文化创意产品设计之间的联系

一、设计中用户体验的三个层次

前文中有说到，用户体验的概念最早是由美国著名认知心理学家、工业设计师唐纳德·诺曼在20世纪90年代中期提出的，而在他的著作《设计心理学3：情感化设计》中，从认知心理学的角度出发，将人类对事物的认知分为三个层级，即本能层次、行为层次、反思层次，如图4-8所示。在他看来，本能层作为大脑中动物天性的部分，是先于意识和思维的，主要与产品的造型、色彩、质感等外在表现相关；行为层主要负责人的行为和动作，主要关注产品的功能性、可用性、易用性等方面的内容；而反思层则负责控制人的情感认知和逻辑思维，在三个层次中处于最高水平，主要关注产品引发人产生情绪、思考、回忆等意识活动的影响。在日常生活中，人类产生的所有行为和思考都依靠大脑的这三个层次的协同运作来进行，三个层次在进行不同的活动时分别发挥着各自不同的作用，同时又会相互影响、相互制约，因而这一理论可以说为研究用户心理提供了研究基础，也为基于用户体验的文化创意产品设计研究提供了重要的理论依据。

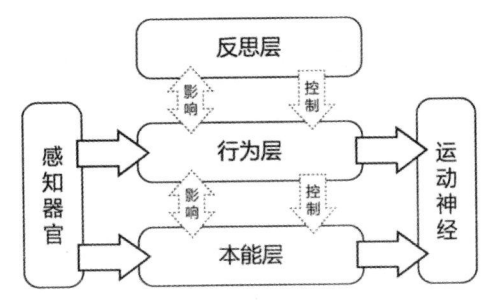

图 4-8 认知的层次与关系

本能层次主要是通过视觉、触觉、味觉、嗅觉、听觉等感受器官接收来自外界的信息从而对事物做出第一时间的判断进行运作，这一过程往往发生在人们看到或接触产品的瞬间，直接快速地产生对其好坏喜恶的判断，比如看到甜美的点心时口腔里自动分泌唾液，手碰到高温物体时迅速收回，听到悠扬缓慢的音乐让人感觉舒适而放松等，当然这只是产生初步的情感印象，如果改变后续的讯息接收亦可影响先前所形成的感受。行为层次的运作往往也要先于意识，当人们对某一个行为动作非常熟练时，不需要意识的指引即可完成这个行为动作的进行，比如在流水线上操作的工人可以一边讲话一边完成工作，行为层次一方面可以通过其影响增强或者控制本能层次的运作，另一方面也会受到反思层次运作的影响变强或者变弱。反思层次是人类认知的最高水平，这一层次无法改变感受器官接收到的来自外界的信息，也无法控制机体对环境影响做出的无意识反应，而是通过监督、反思等方式对前两者的运作水平进行适当的调节，同时让人具备对科学和艺术的认知、对自然现象的解释、对知识与真理的探寻，而这些也正是人类区别于其他物种的关键所在。

依据人类大脑认知运作的这一层次特性，用户体验也可以对应地分为三个层级，即本能层体验、行为层体验及反思层体验。而文化创意产品的设计可以根据产品自身的文化属性、目标群体、市场定位等特点来决定注重为用户带去哪个或哪些层次的体验。三个层次的体验往往不会单独存在，一个优秀的设计一般会融合多个层次的体验内容，同时又处理好彼此之间的轻重关系，面面俱到的同时又有重点高潮，往往能够带给用户印象深刻的体验。

（一）本能层体验

本能层体验往往是指用户接触到产品那一瞬间的感受和印象，是先于意识而产生的情感体验。本能层体验主要强调产品的外观、色彩、材质、气味、声音等属性作用于用户的感觉器官，使用户产生基于立体感的生理感受，及随之迅速引发的情感判断。一个良好的本能层体验设计必定能在第一时间抓住用户的眼球,并使之产生诸如"这个产品好棒""这个产品我喜欢"之类的心理感受。本能层的体验先于意识而产生,因此有时候用户即便说不清出于什么原因,好坏喜恶的判断已然产生。

如图4-9所示,这是出自国内之前热播的电视动画片《熊出没》的衍生玩具产品,是片中反派角色光头强使用的猎枪的同款玩具枪。《熊出没》是继《喜羊羊与灰太狼》之后又一部在国内掀起热播浪潮的国产动画作品,主要讲述的是一对保护森林的熊兄弟与砍伐树木、破坏森林的光头强之间斗智斗勇的搞笑对决故事。这款玩具枪的造型高度还原了动画片中光头强的武器猎枪,再配合印有光头强形象的包装,小朋友一眼便能认出玩具的出处。除此之外,玩具枪还设计了发声的效果,扣动扳机,玩具枪便能随机发出"可恶的臭狗熊,送你们上西天""哈哈哈,你们跑不了了"等语音效果,而且音色同动画片中的光头强角色一模一样,这也就使得这款玩具在小朋友之中更加受欢迎了。这款玩具从造型和音效两个方面,带给用户以视觉和听觉上的双重体验,具有强烈的情节代入感,也难怪能够在小朋友的玩具市场大获成功。

图4-9 《熊出没》玩具枪

本能层体验之于文化创意产品的重要意义不言而喻,同时也需要与产品最终传达给用户的价值与观念相联系。在追求强烈的本能层体验的同时,切忌过度夸张,同时也需要考虑与另外两个层次的体验的结合,以带给用户更为全面的综合体验感受。

（二）行为层体验

行为层体验虽然与本能层体验一样，都是先于意识的体验，但是同本能层强调的产品带给用户的第一印象不同，行为层体验关注的是文化创意产品的功能属性和使用感受。而作为文化创意产品，比产品是否方便易用更为重要的是产品的使用是否能为用户带去乐趣，营造有趣的互动体验。当用户接触和使用产品时，能够与用户产生趣味性的互动，给用户带去愉悦的体验，这是一个优秀的文化创意产品除了最基本的功能性以外所需要具备的行为层体验设计。

如图 4-10，这是来自日本知名日用杂货品牌无印良品的壁挂式 CD 音响。这款 CD 音响造型简洁，只有一个方形主体和一根电源线，使用时将 CD 光盘放在主机上，然后向下轻拉电源线即可开始播放音乐，播放音乐时 CD 光盘会高速旋转，而再次轻拉电源线，即可暂停播放。据设计师深泽直人的讲述，这款 CD 音响的设计灵感来自他儿时家里的老式壁挂电扇，下垂的线型开关，轻轻一拉，便打开了风扇，扇叶转动，送出徐徐清风，而 CD 光盘在播放音乐时旋转的状态与扇叶十分相像，如此设计，轻拉开关，CD 光盘旋转，音乐便如同清风一般，拂面而来。仅仅是改变了普通 CD 播放器的放置方式与打开方式，由此带来的使用体验却是如此令人惊喜。

图 4-10　无印良品壁挂式 CD 音响

由此可见，通过巧妙的设计将本能层体验与行为层体验完美融合，便能通过微妙的细节给用户带去突破传统的使用体验和惊喜愉快的心情感受，大大提升产品的感染力。而如何创造这样的行为层体验，则需要设计师细心观察生活中的点点滴滴，一切以用户为中心进行设计思考。

（三）反思层体验

本能层体验和行为层体验都是先于意识层面的，即这两个层次的体验能够使用户产生相关的生理感受和情感认知，但这些都是无意识的，并非用户自行思考所获得的结果，而这也正是反思层体验与前两者的最大区别所在。反思层体验是用户体验中的高级阶段，与产品的创意内涵、文化属性、使用联想等方面的特点息息相关，通常能在用户使用产品的过程中引发用户的思考，或勾起用户的回忆与联想。

当人们看到一件产品时，内心会产生各种思考，诸如这件产品是否符合自己的风格、选择什么款式更好、哪个颜色更适合自己等，这些都属于反思层体验。因此反思层体验设计所要赋予产品的，正是让用户能够通过文化创意产品产生对某些文化内容的思考、对某些创意意境的联想以及对某些情感体验的回忆。例如，"朕知道了"系列胶带的设计，通过简单幽默的四个字，呈献给用户的是对宫廷文化和皇室生活的无限遐想，待到用户将这款胶带买下并带回家时，再次见到它，所勾起的亦有曾经在台北"故宫"游玩时的场景回忆。

构思巧妙的文化创意产品能够通过调动与用户的互动感受，进而引发用户反思层次的体验。正如在行为层体验中介绍的案例，出自深泽直人的壁挂式CD音响，单纯从轻拉电源绳来播放和暂停音乐的过程中感到欢喜与愉悦，是行为层体验带来的感受，而由这一系列动作加上旋转的 CD 光盘引发用户对于过去生活中老式壁挂风扇的联想，进而甚至引发用户对于童年往事的追忆，这就上升到了反思层次的体验了。

如图 4-11 所示，这是国际知名华人设计师刘传凯设计的"上海微风"檀木折扇。设计师选取了黄浦江水、外滩符号以及十几座上海地标性高楼建筑为创作元素，通过概括抽象，最终以剪影的形式在折扇这一极具东方特色的物件载体上呈现出来。这款折扇是为了迎接和纪念 2010 年上海世博会而设计的，以独特的城市天际线，展示了上海包容开放的城市基因，欢迎世界各地的友人前来齐聚一堂。这看似简单的设计中，实则包含了丰富的上海地域文化元素，试想用双手慢慢打开折扇，徐徐展开的上海城市地图必能引发用户内心对"魔都"上海的美好回忆与无限遐想。

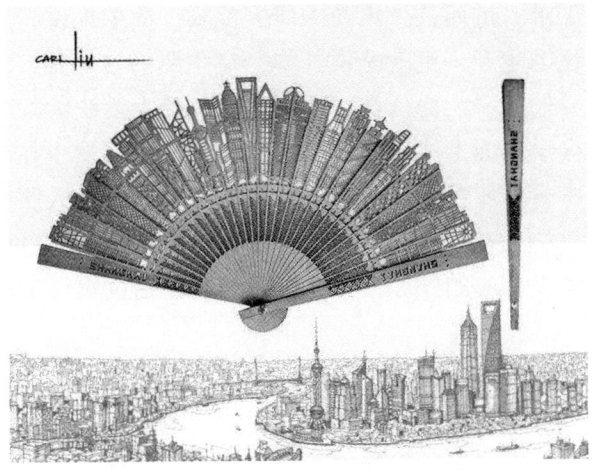

图 4-11 "上海微风"檀木折扇

由此可见，反思层体验所赋予产品的是相较于本能层与行为层体验更高层次的附加价值，但这也仅限于目标用户群体而言，非目标用户群体如果无法理解其中的反思层体验设计，既不会产生相关的思考联想，也没有相应的回忆可追，反而觉得一头雾水，不知所云，而本能层体验与行为层体验则相对显得更为大众化。当然，反思层体验也会因人而异，不同成长环境、教育经历、文化背景的用户，对同一件文化创意产品的体验感受势必不尽相同，因此设计无法满足所有人的喜好，其本身就是一个矛盾中求共性的过程。

二、以用户为中心的设计研究体系

以用户为中心的产品设计研究体系是对原有设计研究体系的一种发展。从历史的沿革上来说，设计，尤其是社会大生产之后的设计，其本身的气质更加偏向工业生产，也就是说，设计原本服务的对象是社会的生产以及产业线的匹配上的设计，我们可以说设计本身脱胎于一种规划的层面，但是在工业生产中，设计已经完成从"规划"到"设计"的角色转变，成了一个独立的学科。而目前社会发展阶段，产品本身的实用功能已经出现饱和，也就是说，消费者或者是用户在购买产品时的决策维度已经从单一的功能标准变成如今的多维度考量，这也是本研究中重要的立论之一，因为有了用户或者是消费者决策的多维度，才使得产品的形态以及本身的意义得到延展，从而加速产品本身的发展。

以用户为中心的设计研究的目的在于明确用户的需求。前文中已经提及，在体验经济时代背景下，用户已经出现决策的多维度样态，这使得原先的设计研究受到了一定的挑战，也就是说，原来的设计研究已经不能满足现阶段设计从业者对理论的需求，进而催生出新的研究范式。简单地说，工业背景下的设计其目的是工业化的生产，也就是说其本身最主要的目的是"复制"，通过复制来达成设计本身的意义。而现在，购买产品的受众的决策发生了改变，这样的改变不仅在社会学层面上产生了重要的积极意义，当然也在改变社会模式的同时改变了设计本身的属性，即从为产业服务转而变为为人服务，而作为设计的先导，对于设计的研究首先面临迭代的挑战，从"复制"重新回归人的体验上，这需要设计研究做出相应的先导，即在设计的初期帮助设计的从业人员明确用户的需求。

以用户为中心的多维度设计考量是设计研究体系的基础。以用户为中心的设计研究是基于满足用户体验的多资源的配置，也就是说，设计本身的含义已经从单一的前端规划变成了过程管理，即设计过程的全线反馈，这不仅意味着设计者角色的转变，更重要的是，设计师的角色已经从具体过程的设计者变成了资源配置的有效力量，因为在用户体验的维度中，其体验依赖于不同资源的支持，进一步说，在产业融合的今天，设计师的职责不仅体现在产品形态上，更重要的是，其本身已经需要对过程中体验的风险负责，而这样的风险需要多维度的资源配置来加以稀释，以便设计出用户黏度较高的产品。

三、需求与体验的层级映射

从用户需求的角度来看，其体验的映射基本吻合体验的层级。

本能层的需求是基于安全需求的衍生需求。在产品设计中首先提及的是产品的基础道德观，即不危害使用者，也就是说，在产品设计的导入期就要保证产品本身的安全可靠度。这里提及的可靠度一般分为两个维度来讨论：基础的维度为生理上的安全，即"不伤害"；而更高的安全维度则涉及"认知安全"，即涉及人们的"认知惯化"与"认知经验"。行为层的需求是基于本能层的递进需求。其对体验的层级映射为对刺激反馈的需求。简单来说，在用户与产品发生交互的过程中，用户的哪些需求是需要通过行为层的映射来得到满足的就成为在行为层中设计需要讨论的话题。用户在行为层的基本需求为"确认"上的需求，也就是归属感，即在行为层上映射的归属体验，于是如何产生话题以及在话题上所能产生的社交引导，并在社交引导下引发的尊重的确认就成了这一阶段用户的主要需求。

在反思层，用户的需求则变得多样，一般来说，部分的过程需求及全部的结果需求将成为用户在体验上的全部映射。之所以在这里谈及部分的过程需求以及全部的结果需求是因为，在具体的需求讨论时，过程与结果的界限讨论会因为时间流的不确定而显得模糊，也就是说，具体的研究者在讨论结果的时间维度时很难将用户对结果的需求作为单一的样本从事件中单独剥离开来，因此，在这里对结果或者是对于情感的需求进行讨论时，不能单一地把反思层的需求进行映射，需要设计一部分的行为层的需求。而对于反思层的用户来说，其本身的需求为自我实现的需求，也就是说，在行为的结果上，用户更加关心"我"的认定以及自我实现。

四、产品与体验的层级映射

从基础层面上来看，在产品设计中，基础的产品是为满足人们安全的需要而出现的，产品的体验的基础为安全性，即产品不对人在体验上构成威胁，这时的产品的主要意向为提供"非伤害性的保护"。从产品的维度上来说，基础层级的映射在于安全性的考量，即具体的产品不应在接触的初期具有"攻击性"。这种攻击性除去纯物理的攻击性外，尤其在文化产品的领域，其本身不应该制造产品的认知冲突，从而影响整体文化产品的传播。

从行为层来看，产品的体验应该是多元与良好的。因为在行为层的阶段，产品所能提供的只是基础的属性功能，至于人在行为层的目的与意图，设计者一般会留有相应的余地。从体验的角度来说，设计在行为层构建的产品体验承接基础的安全需求，更重要的是保有用户的对产品定义可能性的体验，这种"未定义"不仅会引导后续的社交以及自尊的产品延展，更重要的是，就行为层的产品体验来看，保有最大意义上的产品可能性，将成为用户对产品黏度提升的良策。

同需求的映射一样，产品与体验在反思层的映射也是多样的，用户使用产品后对产品的评价将直接影响产品的迭代与用户忠诚。简单来说，产品在反思层要为用户营造良好的感情体验，进而让用户产生相关的语义联想并保持良好的品牌忠诚度。

第三节 基于用户体验的文化创意产品设计

一、基于用户体验的文化创意产品设计方法

本能层体验是体验设计的初级阶段，注重产品的外观、质感所带给用户的

感官体验和情感判断；行为层体验是体验设计的中级阶段，主要从使用、易用、乐用等方面在产品与用户的互动过程中创造使用体验；反思层体验属于体验设计的高级阶段，主要是通过产品让用户能够产生回忆、联想和思考，探寻新的生活方式，实现对自我价值的追求等。优秀的体验设计势必通过对用户需求的准确把握，选择恰当的体验层次，运用合理巧妙的方式抓住用户的内心。没有什么产品是可以满足所有人的需求的，不同类型的文化创意产品，其产品特点和文化属性不尽相同，所面向的用户群体也完全不同，因此某件具体的文化创意产品需要呈现出怎样的用户体验，完全在于对目标用户需求的把握以及体验层次与设计手法的选择。

当然，用户体验的三个层次并不会以纯粹单一的形式依存于某一件产品，三者之间的相互作用复杂而又紧密，正如前文中提到的案例，无印良品的壁挂式CD音响为用户提供了精彩的使用体验，同时这一行为层次的互动所引发的是对过往生活方式的追忆与怀念，而"朕知道了"系列胶带传达着皇室生活与宫廷文化的同时，亦能在使用时为用户带去几分乐趣。由此可见，任何一件产品都包含着多个层次的用户体验，设计师在顾全各个层次的用户体验的同时，亦需要根据具体的用户需求对体验层次的选择有所侧重。

（一）本能层体验设计方法

本能层体验由于处在三个层次中最初级的阶段，这也决定了其最具大众化的特征。这个层次的体验强调的是用户接触产品的瞬间所产生的生理感受与情感判断，所以在三个层次中，这也最容易引发用户的共鸣。因为不管来自哪个国家或地区的人，其成长环境、教育经历、文化背景等再怎么不同，但所有人基于生物学层面的神经传感特性都是相同的，因此诸如明亮的色彩、欢快的旋律、芳香的气味等，带给人的第一感受势必是正面的、美好的，而这种情绪的产生是不分国籍或种族的。因而在进行行为层体验的设计时，设计师并非单纯考虑产品的外形、色彩等属性，而是要强调产品与用户之间的信息交互，充分突出用户接触到产品时产生第一印象的体验价值。

针对不同的文化创意产品，优秀的设计表现手法不尽相同，但万变不离其宗的是设计师对于能够引发用户强烈感官体验的产品元素的把握，如从视觉感受方面，通过独特大胆的造型设计，强化用户与产品之间的感官互动，放大产品的文化特性，抓住用户的眼球。

1. 文化元素的具象夸张与抽象概括

特定的文化会有特定的受众，并且形成其特定的粉丝群体。这种情况下，文化创意产品造型的设计可以营造独特的视觉感官体验作为突破口。设计师深入了解产品属性后，将文化元素做抽象的概括处理，抑或直接具象地夸张呈现，只要通过合适的手法，都可以为用户提供独特的感官体验。

如图 4-12 所示，这是由日本 3C 配件公司赫米（Hamee）推出的迪士尼屁股系列充电器，看到屁股的一瞬间，相信就牢牢地抓住了用户的眼球。这个系列的充电器直接选用了迪士尼的经典动画形象米老鼠、唐老鸭和小熊维尼的半身造型，插在插座上的时候就像是形象角色被卡在了墙洞里拔不出来，俏皮的样子直叫人忍不住会扑哧一笑，瞬间萌化人们的心，原本冰冷的电子配件产品也瞬间变得可爱而暖心。

图 4-12　屁股系列充电器

天使能量工作室（Power Angel Studio）推出的 EVA 插入栓造型 U 盘同样是具象的造型表达。EVA 中文名称叫作《新世纪福音战士》，是由日本龙之子工作室和 GAINAX 两家动画公司共同制作，于 1995 年首播的动画作品。这部作品革命性地运用了意识流手法和大量的宗教、哲学意象，一经推出便在日本引起了社会现象级的巨大反响，随后成了日本动画史上的一座里程碑。作为片中的重要角色，福音战士可谓家喻户晓，而前面提到的插入栓，即人类驾驶员与机甲福音战士连接的操作仓，是机甲与驾驶员之间连接的桥梁，同时为驾驶员的安全提供最可靠的保障。而这款 U 盘直接运用具象的手法，造型几乎还原了插入栓的所有细节，这无疑能够牢牢地抓住 EVA 粉丝的目光，且这款 U 盘又暗喻为用户的数据提供最可靠的保障。由此可见，虽然受众群体相对会比较特定，受众面相对较小，但具象的造型手法是能够为特定的用户群体提供很好的视觉感官体验的。

对于文化元素在造型上的运用，除了具象的夸张外，与之相对应的自然还有抽象的概括。与具象的造型相比，将文化元素抽象符号化后再加以运用，表达会变得更为含蓄，配合与产品属性相契合的表达方式，有时候反而能获得更理想的表达效果。

图 4-13 所示的是一对名叫"东西"的烛台设计，来自中国设计师王杨的独立设计品牌 YAANG LIFESTYLE。这个品牌创立于 2007 年，设计产品主要包括各类原创家具、灯具以及其他家居生活用品，基于设计师本身丰富的国内外生活工作经历，品牌产品以一种西方时尚奢华的形态传达出传统的东方精神与当代的生活方式，这一点从"东西"烛台中就能很明显地看出来。"东"和"西"其实指代了东方和西方两个文化极点，"东"代表着中国魔都上海，"西"代表着国际大都会纽约，产品分别选取了两地的地标东方明珠电视塔和自由女神像为元素，抽象出其剪影，采用鲜明的铁板烤漆材质，大红色调，造型独特而讨喜。将"东""西"放在一起，两种不同的文化意象互相碰撞，又摩擦出和谐的火花。而单从感官的第一印象上来说，由于东方明珠电视塔和自由女神像的高识别度，其大胆的用色和剪影的造型就能在第一时间给人带来视觉上的强烈冲击。

图 4-13 "东西"烛台

而下面这款叫作"书香"的竹制香盒，也有着与"东西"烛台异曲同工的地方，如图 4-14 所示。古有竹简留墨，现有竹盒留香，一方白纸礼盒，包裹镂空竹盒。在这个四四方方的竹盒之上，将字的笔画打散重构，通过镂空的处理方式呈现出来。五千年的传统文化镌刻于竹片之上，令原本平淡的香器有了古朴俊逸的气质和浓浓的东方美学气息。取一盘香点燃后卡入盒内的黄铜香锥上，盖上竹制香盒,诗意的文字仿佛幻化作一缕缕轻烟,袅袅而起,在意会文人墨客诗韵之时,于嚣烦尘世间营造片刻的宁静,让用户感受传统悠扬的慢生活方式。相信这款"貌如其名"的香盒,定能在第一时间给它的目标用户群体以良好的体验。

图 4-14 "书香"香盒

2. 独特新颖的材质与技术的运用

除了对文化元素视觉上的夸张和抽象,在产品材质的选择和使用方面有时候也能为用户打造非同凡响的本能层体验。人们往往会对平时常见的产品与材质搭配组合熟视无睹,有时甚至会仅凭视觉第一印象即对产品的材质和性能进行错误的主观推断,因此特殊的材质选择配合恰当的技术运用,通过巧妙的设计手法加以呈现,将在感官体验的各个层面为用户带去前所未有的新鲜感。

"大白呼吸灯"是由迪士尼授权,中国台湾的讯想科技(InfoThink)设计生产的一款遥控 LED 灯具产品,如图 4-15 所示。这款呼吸灯的造型来源于 2016 年迪士尼热卖影视动画《超能陆战队》里面的机器人大白形象。影片里的大白温柔体贴、无微不至,一经推出便化身为无与伦比的超级暖男形象,迅速晋升为"国民男友"级别的角色形象。而这款灯具也正贴合形象的特点,巧妙地运用了乳白色半透明的植胶材质,柔软的手感富有弹性,半坐的姿势憨态可掬,手部和头部可以活动,能够轻松摆出更多呆萌的姿态。同时灯具还提供多种特效点亮模式,如渐亮闪烁模式、平顺呼吸模式、闪跳呼吸模式和独特睡眠模式等,并且支持手动调光。如此节能环保而又温柔暖心的大白,想必定是人见人爱。

图 4-15　大白呼吸灯

由此可见，产品材质的巧妙运用可以给用户带来独特的触觉感官体验，而特殊的技术使用同样可以带来令人惊艳的效果。图 4-16 是来自迪士尼的死星蓝牙无线音响，这款产品最与众不同的地方就是整个音响是悬浮在空中的。死星（Death Star）是电影《星球大战》中由银河帝国建造的一个超级武器的代号，又称 DS-1 轨道战斗太空站。这座巨大的太空站上装有能够摧毁一颗行星的激光炮，是银河帝国专制的象征，也是《星球大战》系列电影的一个重要文化元素。而这款蓝牙无线音响，巧妙地结合了磁悬浮的原理，配合底座将死星造型的音响主体整个悬浮在了空中，而且只要用手轻轻一碰，死星就会旋转起来，再加上灯效设计，令这款音响完美地还原了电影中的死星场景。这款音响设计根据产品的文化元素特征，采用了高度匹配的技术原理，配合合适的呈现手法，为用户提供了视觉与触觉上完美的双重感官体验。

图 4-16　死星蓝牙无线音响

（二）行为层体验设计方法

行为层体验处于三个层次的中级阶段，但和本能层体验一样，其所产生的感受和情绪都是无意识的。这个层次的体验主要指的是用户在使用产品的过程中，与产品之间发生的互动。产品的功能性与易用性自不必多说，在这个层次所要强调的是产品在与用户互动的过程中，带给用户的趣味体验和情境再现。当然，行为层体验应当是单纯而直接的，其创造的使用趣味和营造的文化情境所带给用户的愉悦心情是不需要经过大脑思考而产生的，否则通过互动引发创造性的思维，这已经上升到反思层体验。

1. 趣味性使用互动的拓展

人们对身边的日常用品往往都会有思维定式，天黑了开灯、下雨了打伞、冷了吹空调、热了开风扇，这些产品的使用与功能早就为人们所熟悉，以至于无法引起人们过多的注意。因此，在原有的使用过程中，为产品添加趣味性的互动体验方式，便能唤起用户对原本熟视无睹的产品的新鲜感，为用户带去意外的惊喜。设计师的关注点也需要从产品本身转移到用户与产品的互动过程上来，即从"造物"到"谋事"的转变。

如图4-17所示，这是帽子戏法设计网站（Hat-trick Design）出品的一本儿童读物《隐藏&呀！》（*Hide & eek！*）。帽子戏法设计网站是一个比较知名的英国设计类网站，点开他们的网站时，其独特的页面设计就能让人们眼前一亮。他们的产品往往独树一帜，在不断的创新中，融入了他们对于产品设计方案的独到见解，因而推出的各种新奇的设计也往往让人眼花缭乱，这一点在绘本《隐藏&呀！》上就可见一斑。相信很多人小的时候都有这样的经历，那就是晚上躲在被窝里，把自己裹得严严实实的，然后打着手电在被子里看小人书。一个手电加上一本书，相信这是很多人童年的回忆，而《隐藏&呀！》正是抓住了这个有趣的动作，对这一点做足了文章。书本的每一个页面都有一些简单的图形简笔画，如图4-17所示，正面显现的图案是不全的，而只要在光线较暗的环境里，当然，最好就是在被窝中，用手电等光源投射页面的背面，这时神奇的事情就发生了！页面里隐藏的图案就会显现！其实每一页的图案和故事都非常简单，一目了然，但是配合上暗环境打手电这种阅读方式，立刻让读者和绘本之间产生了强烈的互动关系，使阅读活动变得简单而有趣。

 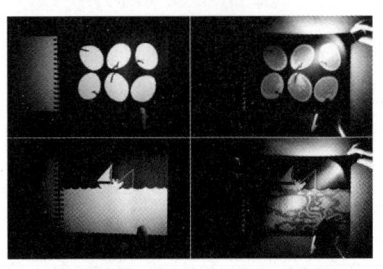

图4-17 《隐藏&呀！》故事绘本

《星球大战》可以说是一个家喻户晓的史诗级系列电影，前面的案例中也提到了这部影片里的著名场景——死星，而接下来要说的，刚好是影片中的另一个重要元素——光剑。光剑其实是一个剑柄状的武器，收起时没有剑刃，在绝地武士打斗时开启，威力巨大的激光剑刃才随之显现。光剑酷炫的外观着实令人印象深刻，不少玩具厂商也都抓住这一卖点，纷纷推出各种各样的光剑相关衍生品，不过大部分此类产品都没有什么实用性，单纯只是玩具模型。来自中国台湾的玩具厂商野兽王国（Beast Kingdom）则独辟蹊径，别出心裁地将光剑与雨伞完美融合，造就了图4-18所示的光剑伞（Lightsaber Umbrella）。光剑伞长114厘米，重2.5公斤，将普通长柄伞的伞柄位置替换用了透明件，然后内置LED发光管，日常不使用时与普通长柄伞几乎看不出有什么不同之处，但是每当下雨，用户将伞撑开时，酷炫的灯光马上便映入众人眼帘。LED光源有红、蓝、绿三种配色，分别对应电影中的达斯维达、天行者、尤达大师等角色，光剑与雨伞的这一完美结合，让原本简单的打开伞的动作变得如此充满惊喜与魔力，带给用户的是十足的乐趣互动体验。需要补充说明的是，这款光剑伞的伞柄底部还设计了一个正常灯光的LED电筒，配合高亮的光剑伞柄，为用户夜间出行的安全提供了可靠的保障，可见这款光剑伞在考虑如何与用户趣味互动的同时，其对实用性与安全性的考量也丝毫没有打折扣。

图4-18　光剑伞

2. 文化性情境互动的构建

相比较直接明了的趣味性使用互动，有些产品的互动体验相对较为含蓄，而在表达的效果上也是丝毫不输给前者。

中华文明历史悠久，在绵绵历史长河中积淀的传统文化与物件，可谓数不胜数。碾子是中国农村常见的一种石质工具，主要用于依靠人力或畜力将高粱、稻谷、玉米等农作物做脱壳或碾碎处理。来自中国本土的原创家居品牌半木推出了一套徽之灵韵文房系列创意办公文具，这套产品的灵感来源于设计师吕永中的一次古徽州之旅。受到古徽州地区沉淀已久的文人儒商相融合的神韵的感染，设计师选取了古徽州地区特有的一些纹饰图案，提取其中的造型元素，配合石材与木材的运用，造就了这套办公套装，如图 4-19 所示。这其中有一个名片座，就用到了碾子这一元素。在简约的长方体状木盒两侧开了两道略带倾斜的滚槽，然后放上两个碾子造型的滚石，就构成了这个名片座，使用的时候用户将名片竖向插入木盒中，这时候就能发现，碾石并非单纯的装饰元素，而是可以起到分隔名片的作用，而插入或者取出名片的动作都能让碾石在滚槽上滚动。整个设计简朴而实用，古朴又时尚，这可以说既是产品与用户之间的互动，也是传统文化与用户之间的互动。

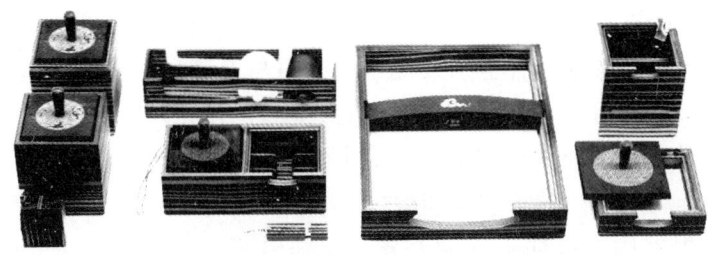

图 4-19　徽之灵韵文房系列创意办公文具

在日本的文化艺术中，枯山水庭院设计可谓占有相当重要的地位，在由细沙碎石铺就的地面上，放上几块形状奇特的石头，然后用特制的木把沿着放置物的周围在沙石地面上描绘出均匀的纹理，虽然没有花草树木，但一幅象征意味极为浓厚的自然山水图却已经徐徐展开，让置身其中的人变得平静下来，与庭院一起回归自然。来自日本的设计师斋藤友纪和泽田翔平联手甜品师稻叶基弘一同推出了图 4-20 中的心安寺石庭点心。纯白的包装上只印了点心名和标识，简洁的外观给人干净的第一印象，打开盒子后，映入眼帘的便是一个空旷的迷你庭院。迷你庭院中铺满了细碎的砂糖，旁边的小格子里则是石头和树叶造型的小点心，赏味之前，先将小点心放到"庭院"里，然后取出盒中附赠的迷你小木把，就可开始创建属于你自己的枯山水庭院了。从原本打开包装到赏味的过程中，加入了动手搭建庭院的过程，一下子丰富了人与物之间的互动关系，让人觉得暖心而甜蜜。至于互动的结果——枯山水的搭建与对枯山水这一文化意境的冥想，则已经属于反思层次的体验。

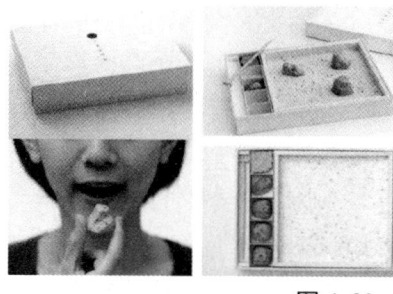

图 4-20　心安寺石庭点心

（三）反思层体验设计方法

反思层体验与前面所说的两个层次的体验，最大的区别即在于与人意识层面的联系，这个层次的体验往往能够通过出色的互动体验激发用户的创造力，或者通过营造复杂的情感体验引发用户的联想与思考，在三个层级中处于高级阶段。这个层次的目标用户群体相对也会有较为明确的界定，通常是自我认知能力较强、对自我价值体现与个性化追求较为强烈的群体。反思层体验的设计需要超出目标用户群体的需求与期望，用合乎情理的产品达成令人惊喜的效果。在此，笔者根据用户群体需求的差异，总结出两种反思层次体验的设计实施方法。

1. 创建互动，激发创造力

在确保产品使用功能的前提下，为用户与产品之间的互动过程添加更为有趣的体验操作，以此激发用户的自主创造力。这种使用功能的拓展与前面所说的行为层体验不同，它并非单纯先于意识层面的互动体验，而是在开放和自主的基础上，需要用户进行独立思考才能完成互动，从而满足用户对个性化和自我价值实现的追求，是思维意识层面的喜悦感受。

乐高是全球知名的丹麦玩具生产商设计制造的，其生产的积木玩具深受儿童喜爱，而融合了乐高积木元素的笔记本，同样受到了广大年轻人的青睐。如图 4-21 所示，乐高笔记本封面做了乐高通用的单色凸粒造型，作为基底使用，有了这样的平台，用户只要选取自己喜欢的颜色与造型的积木，然后即可在笔记本封面上拼出自己想要的图案，尽情地进行创作。

图 4-21 乐高笔记本

又如意大利设计师法比奥·米利托设计的一款包装纸。这款包装纸上面整齐地印满了英文字母，乍看之下与普通印着其他图案的包装纸似乎没什么不同，但在看似毫无规律的字母之间，却暗藏玄机。字母的排列中其实暗含了各种各样的祝福语，在包装纸的背面，有给出一些常用祝福的画圈提示，当然，用户也可以利用自己的火眼金睛来寻找和圈画自己需要的字母，然后用笔圈出即可表达自己衷心的祝福，这立马就变身为量身定制的礼物包装了。

由此可见，完全开放的互动过程可以为用户提供自主创造形式的机会，满足用户对个性化与定制化的追求需要，在充满乐趣的互动过程中激发用户的创造能力，为用户带去出乎意料的体验。

2. 营造情感，引发思考

通过产品的文化价值、独特个性或原创性来引发用户的联想或对于某些文化记忆的回想，同样也属于反思层体验设计。这类设计关键在于清晰把握用户心理，思考目标用户群体的情感诉求，正如前文所举的心安寺石庭点心包装设计，通过创建产品与用户的交互过程来增强产品的高雅品质与形象认知度，并引发用户对某类特定的文化意象或民族情结的联想与思考。

图 4-22 所示的是由中国原创设计品牌唯诗（WEIS）带来的三潭印月紫砂香炉。唯诗品牌由中国新锐设计师魏杭帅创立，专注市场化、人文化、创意性产品的设计研发，立足杭州这一文化底蕴深厚的城市，以国际化的设计理念重点发展基于中国传统文化的创意家居产品。"水光潋滟晴方好，山色空蒙雨亦奇"，西湖在中国传统文化中的重要地位自是不必多言，而三潭印月作为西子湖的一道亮丽风景，带给曾来过江南的人无限回忆，也带给未曾来过的人无限期待。唯诗的这款香炉，正是提炼了三潭印月之形态元素，配宜兴紫砂之材质，再现了烟雨西子朦胧缥缈的意境。当用户点上一枚香，盖上香炉，烟雾从孔中缥缈而出，徐徐升起，定能将用户的思绪带到水雾缭绕的西子湖畔，随之而来

的便是对江南的无限遐想与憧憬。在这里，紫砂香炉营造了特定的文化意境，带给用户具有江南特质的独特体验，引发用户的回忆与向往之情。

图 4-22　三潭印月紫砂香炉

图 4-23 展示的是中国设计师翁捷带来的一套客家茶具 Hakka，这个作品曾经获得 2010 年度的红点概念设计奖。品茶是中国人的传统社交礼仪，是独具中国礼仪文化与饮食特色的分享和交流方式。中国是茶的故乡，也是茶文化的发源地，而从古至今，福建地区都是中国最重要的茶品流行地带，同时这里也是中国客家文化和闽系客家人的发源地和主要集聚地，所以提到客家传统也往往绕不开饮茶文化。在中国的饮茶文化中，"分享"型社交与品茶过程同等重要，而在饮茶过程中，茶具本身就是茶文化最重要的意象之一。一组恰到好处的茶具不仅体现着主人的饮茶品位和对于交际礼仪的重视，也无处不烘托着茶品本身的气质和文化内涵。而这套 Hakka 茶具设计，就是以福建客家土楼文化为主要设计元素，将整套茶具化作一组原汁原味客家风情的闽南土楼。在中国民族传统建筑中，土楼是一种风格独特的闽南系客家建筑，如图 4-24 所示，整体上是一个环形的多层建筑，这种建筑的最大特色在于"围屋而居"，好多户人家围绕着同一个中央天井居住、生活，他们共享同样的生活资源和生活设施，也分享彼此的生活经验和生活点滴。而这套名为 Hakka 的茶具，也正是借由客家土楼的"共享"概念来突显中国茶文化中的"分享"文化，在兼具文化内涵与整体流畅、美观造型的同时也延续了客家土楼实用、实在、多功能的效用，环形设计的壶体最大可能地开发了茶壶的可使用空间，而茶壶中心的"天井"也正是归置茶杯的地方。这样的设计，其本身所蕴含的气质内涵，带给用户的是浓浓的客家风土人情，沏一壶好茶，分享交流间，引发用户对于客家文化的无限思索。

图 4-23 Hakka 茶具　　　　图 4-24 福建土楼

综上所述，设计师要将设计思维由"造物"转向"谋事"，一切以用户为中心，准确把握目标用户群体的需求和期望，运用巧妙的设计方法以实现设计的突破创新。

二、文化创意产品的体验设计原则

文化创意产品的体验设计原则从设计的过程中来看主要分为三个方面，分别为强化文化主题、提高文化认识度的有效性以及创建多元的文化体验。

（一）强化文化主题

强化文化主题的目的是打造良好的文化产品势能，从文化创意产品的导入期来看，强化文化主题本身是十分必要的，其必要性主要体现在以下三个方面：增加品牌的认知度；构建文创产品设计语义；实体化产品诉求。

强化文化主题从效果上来说，能够帮助增强品牌的认知度。文化创意产品的本质是文化的具体外化，而就文化创意产品本身来说，通过强化文化主题来培养用户对于品牌的识别度将促进其文化本身的发展。从设计传播学的角度来看，强化文化主题将在相关文化产品的导入期帮助其有效建立良好的产品势能。

强化文化主题能够帮助相关品牌建立文创产品的设计语义。建立文创产品的语义从其意义上来说可以分为两个方面来论述：一方面，文创产品的语义能够帮助相关品牌建立产品造型基因；另一方面，文创产品的语义利于文创产品的迭代延展。其本身可以帮助文化品牌在前期建立相关文化壁垒，在文创产品推广初期能够为传播弱势文化提供一定的认知保护。

强化文化主题能够帮助文创产品实体化。文化本身是一种虚拟的产品，用户对文化消费的难度也在于文化本身的虚拟性是难以量化加以消费的，所以强化文化主题一方面能帮助人们快速建立相关文化的立体感知，另一方面，强化文化主题本身能够帮助设计者在实体化文创产品时找到相关的设计原则。

（二）提高文化认识度的有效性

文创产品认识度的有效性在于有效的识别度以及文化的传播有效。

识别的有效，即语义识别的有效。在建立相关文化势能之后，文创产品设计的主要诉求在于有效的识别度。也就是一般文创产品的标准化与差异化，标准化在于规范内部设计语境的统一，统一的语境有利于文创产品的迭代与识别，有利于同一线产品认知符号的构建。差异化则在同意内部语义统一的基础上与其他文创产品构成识别上的差异。传播的有效，即在设计传播上的有效。高识别度的文创产品在设计的传播上会处于相对有利的位置，而在构建文创产品的认知度上来说，传播的有效将对文创产品的文化层面起到决定性作用。

（三）创建多元的文化体验

创建多元的文化体验是在人类社会越来越复杂化、信息流通越来发达的情况下，为了文化的更新转型的加快，缓解各种文化的发展均面临着不同的机遇和挑战，并理解新文化的一种新的文化样态。在现代复杂的社会结构中，必然需要各种不同的文化服务于社会的发展，这些文化服务于社会的发展，就造就了文化的多元化，也就是复杂社会背景下的多元文化。而对于文创产品而言，构建多元的文化体验能够成为设计的原则之一，是因为通过创建多元的文化体验能够帮助文创产品建立良好的认知语境，并能降低文创产品本身的传播壁垒，更利于文创产品的传播。

第五章　体验经济背景下非物质文化遗产创意产品设计

第一节　非物质文化遗产

一、非物质文化遗产的价值与文脉

非物质文化遗产及"无形文化遗产"的概念进入大众视野的时间并不长，日本于1950年5月颁布的《文化财保护法》中提出"无形文化遗产"的概念，联合国教科文组织分别在2001年和2003年通过了《世界文化多样性宣言》《保护非物质文化遗产公约》两个文件。在《保护非物质文化遗产公约》的第一章第二条中，非物质文化遗产被定义为"被各社区、群体，有时为个人，视为其文化遗产组成部分的各种社会实践、观念表述、表现形式、知识、技能及相关的工具、实物、手工艺品和文化场所"。在国务院办公厅颁布的《关于加强我国非物质文化遗产保护工作的意见》中，非物质文化遗产的定义是"指各民族世代相承、与群众生活密切相关的各种传统文化表现形式和文化空间"。由此可见，非物质文化遗产展现了文化的多样性、独特性、活态性和创造性，有利于增进人与人、人与自然之间的和谐关系，更有利于实现文化环境与自然环境的可持续发展。

《非物质文化遗产概论》特别强调了非物质文化遗产的重要价值：第一，非物质文化遗产体现了世界文化的多样性。第二，非物质文化遗产在很大程度上呈现了人类的强大创造力。第三，保护非物质文化遗产对于保护自然环境有直接的促进作用，此举能满足可持续发展的要求。第四，非物质文化遗产能够促进人际关系，推进和谐社会的发展，许多传统的民俗为人们之间的沟通建立了良好的途径，同时也树立了行为规范。

在全球化的趋势中，文化的多元化显得格外重要。每一个群体都要寻找和保留文化的根脉，"和而不同"，这"不同"恰恰就是此群体之文化区别于他者之处。从文化内涵的角度观之，非物质文化遗产（下文简称为"非遗"）具有高度的独特性。如同生物具备特有的基因一样，文化也有其独特的基因，是主导一个群体文化的核心所在。《非物质文化遗产概论》中指出了非遗的七个特性：独特性、民族性、传承性、综合性、活态性、流变性、地域性。非遗保护则具有四个基本原则，分别为本真性、可解读性、可持续性、整体性。这四个保护原则正是针对上述的非遗的七个特性而形成的。这些特性所包含的恰恰就是这个群体最为核心的文化基因，也使之与众不同。

非物质文化遗产有非常丰富的价值，包括历史价值，文化价值、科学价值、艺术价值、审美价值、教育价值、经济价值等。

不同于物质文化遗产，非物质文化遗产的历史价值体现在：它以一种活态的形式由过去延续至今日，如同一部随时都在上映的纪录片，这种活态性正可以弥补一些文献典籍的不足。在历史与考古方面，非遗为之提供了有效的考据证明和研究价值。考古学家在对物质形态的文化遗产，例如对文物或是建筑遗址进行研究时，有时只能提取一些静态的信息，但难以获得一些活态的文物信息。考古学家可以根据文物的外观特征来确定所属时代，有时却难以确定该文物的制作方法和使用方法，以及文物中所潜藏的文化因素。此时，通过一些非遗传承人和手工艺人的记忆与技艺，今人也可有幸远窥一段活态的历史信息。例如玉石加工工艺在中国已有八千余年的悠久历史，古人对玉石进行加工雕琢时，会用到一系列传统的工具，水凳便是古人加工玉器时"开玉"的重要设备，水凳需要用绳子做牵引，旋转动力来源于脚踏。这种以人力驱动的传统工具在中国有着久远的使用历史，直到20世纪60年代，随着机械设备的广泛使用，水凳逐渐无人问津，以致消亡。中国工艺美术大师李博生早年曾经使用过水凳进行玉石加工，他凭借几十年前的记忆，对水凳进行了复原。由此可以间接地了解古人琢玉的方法。仅仅依靠出土或传世的物质文化遗产，并不能长久地传承一个群体的历史与文明，非物质文化遗产在此承担了重要的功能，它和物质文化遗产缺一不可，都是传统文化的组成部分。

非遗的价值涉及人类学、社会学、民俗学中的"文化圈"概念。文化圈指的是一个最大范围的地理区域，在该区域中存在的物质文化遗产与非物质文化遗产都具有相同或类似的文化特征，周边区域的文化大都源自其核心点。同一个文化圈内可以包含不同的民族和国家，甚至信仰也可以有所差别，文化圈中的核心区域和周边区域通常属于源和流的关系。这个概念可以用一个自然现象来进行阐释：当一滴水落入平静的水面，水面由水落入之处泛起涟漪，从中心向四周如同心圆般扩散，当水波纹散至四周时，最初发力的中心点已找寻不到水波的踪影。此处可借用孔子一语"礼失求诸野"，见于《汉书·艺文志》，这句话谈及礼制是由文化水准较高的商人传承，周人虽然在政治上居于统治地位，但由于其文化水准较低，还要向商人求教；也可表述为：礼制与文化若是消失了，就需要去民间找寻。这也是民俗学学科中的一种常见情况，越是接近政治经济文化区域的中心地带，越容易体现非遗的流变性，而在较为偏远的"野"或有所获，可能有机会找到传统文化、生活方式与生活习俗，甚而千百年前的古老生产方式和一些在当下的"文明社会"被认为已经消亡的传统技艺与器具，依旧出现在人们的生活中。例如"钻木取火"是来源于燧人氏的神话传说，而作为非遗项目的海南黎族钻木取火则以活态形式证明了这项技术的真实存在。此外，非遗中民间口传文学的内容，如一些世代相传的神话故事、民间传说，有时会为人类学家、考古学家的研究提供关键性的启示和辅证。非遗不但包含了历史和文化方面的价值，对于社会经济发展、人际伦理关系、人与自然关系等方面也都有不同程度的促进作用。联合国教科文组织《保护非物质文化遗产公约》的第一部分指出："文化遗产是密切人与人之间的关系以及他们之间进行交流和了解的要素，它的作用是不可估量的。"非遗可以促进人与自然之间的和谐，在一些非遗项目中，就包含可持续发展、环境保护的思想，祖先们的智慧已经凝结在世代相传的民俗中了。例如在吉林省盛行了数百年的"查干湖冬捕"是一种传统的渔猎习俗，保留着很多传统的信仰和规则。在查干湖进行渔猎的过程中，渔民使用的均为大号网眼的渔网，年年捕捞上来的都是大鱼，因为渔民们不会"竭泽而渔"，不会捕捞那些正在成长的小鱼苗。除此之外，在非遗范畴的传统民俗中，还有诸多关于"神山""神树""神兽""神鸟"等的守护信仰，这些世代相传的规矩实则是在维系人与自然的和谐关系。而民间的剪纸、刺绣、由拼布组成的百衲衣被等传统手工制品，民俗中的婚丧嫁娶等人生仪礼，传统节日如春节、清明节、重阳节……都以不同方式在维系人与人之间的和谐关系，建构行为准则与规范。

非遗具有中国古代科学技术方面的价值，可见于手工业、农业相关的古籍经典，诸如《周礼·冬官·考工记》《天工开物》《齐民要术》《水经注》等，以及《黄帝内经》《伤寒杂病论》等著作。及至今日，这些经典著作仍然具有很高的科学价值。非遗将这些典籍中的内容以活态的形式呈现在我们面前，是在世代相传、不断积累的基础上形成的科学认知。

在非遗所具备的各种价值之中，其艺术和审美价值是最为人所关注的，而在人们对其历史文化价值、科学价值深入了解之前，往往首先为其艺术之美所吸引。许多非遗项目自身便归属于艺术的范畴，如传统美术、传统（手工）技艺、传统戏剧、传统曲艺、传统舞蹈、传统音乐等。它们具有鲜明的民族性、地域性和时代性，同时也体现了传承人的独到智慧和艺术创作能力，如剪纸、蜡染、雕漆、绢人，都具有很高的艺术和审美价值，它们历经时间的检验，并不断地积聚力量，以其自身所具有的艺术价值来吸引传承人与拥趸，进行活态传承，生生不息。

同时，非遗还具有可观的经济价值，在新中国成立后的相当一段时间，以诸多传统手工技艺制作的工艺美术品出口曾是那段历史时期换取外汇的重要途径，它们中有多种技艺在今日被列入非遗的范畴。如今，手工技艺与手工艺人的地位正在提升，而传统手工艺从业者的技艺与精神也逐渐为世人所认可，一些传承人、手艺人得以获得相应的物质与精神财富。而国家也使这些非遗项目成为文化软实力的一部分。

非遗是中国历史上绵延至今的文脉，一些非遗项目并不能依靠文字、书籍、符号为载体来进行传承，而是依靠世世代代的口传身授。这条文脉是无形的，凝聚着文化的精髓。非遗名录中的这些项目，无论历史长短，无论地域南北，更无论级别高低，都是在历史的河流中沉淀下来的瑰宝，是中华文脉中不可或缺的一部分，在全球化发展的今天，守住精神家园中的非遗，并以此为资源进行美育，非常有利于促进国人的民族自豪感、提高文化自觉性。非遗的普及不应仅仅局限于"非遗进校园"之类的举措，不只是青少年需要以非遗进行美育，社会上各行各业的人都需要对非遗具有普及性了解。以史为鉴，欧洲14世纪到17世纪的文艺复兴运动最初就始于美术美育，而后蔓延成为大范围的思想解放，更促进了自然科学的快速发展，奠定了欧洲文化繁荣的基础，成为一种社会意识形态的进步。

二、非物质文化遗产的本真性原则

在非物质文化遗产保护的诸多原则中，本真性是最为重要和基本的原则（也称"原真性"）。这也是笔者构思、写作的依据和贯穿本书始终的伏线。本真性原则所保护的非遗的"本真"，正是非遗的灵魂所在；从非物质文化遗产向文化创意产品衍变，"本真"是使二者内蕴相通的重要桥梁。"本真"并不一定有具体形态，也未必存在一致的标准。但只有守住"本真"，才能保证非遗在周遭世事的万般变化中，仍能延续独特的文化基因。

于 1964 年 5 月通过的《威尼斯宪章》提出："将文化遗产真实地、完整地传下去，是我们的责任。"由此奠定了本真性作为文化遗产保护根基的重要意义。于 1994 年 11 月通过的《奈良原真性文件》，即以《威尼斯宪章》为基础，认定本真性是文化遗产定义、评估、保护、监控的基本原则，此处文化遗产的范畴包括有形文化遗产和无形文化遗产。《奈良原真性文件》申明："一种文化内部对遗产的定位，应需依据遗产价值的特殊性质以及相关信息源的可信性和真实性。"该文件对信息源的定义："使认识文化遗产的性质、特性、含义和历史成为可能的，一切物质型、文字型、口头型和图像型来源"，以及"包括形式与设计、材料与质地、利用与功能、传统与技术、位置与环境、精神与情感，以及其他内部因素和外部因素。"

在坚守本真性原则的基础之上，外部形态的一些变化亦是合理的。一方面，材质、样式的变化和更新并不代表本真性的丧失，关键在于守住"灵魂"。在某项技艺初创之后，行内会出现技艺精湛的大师，他们在深入全面地掌握技艺之后，会根据非遗项目的特点和自身的经验对技艺进行调整改良，对样式或题材会进行更新。例如明代魏良辅的昆曲改革，他取北曲之长补南曲之短，汲取了弋阳腔、海盐腔、余姚腔等，对昆腔的度曲、唱腔、伴奏都进行了重要的革新，这在昆曲发展史上是一个重要的里程碑。由此可见，坚守本真性和某些表层的变化并不矛盾。另一方面，某些关键材料的变化则决定了本真性是否存在，如北京传统的非遗技艺——牙雕，在过去都以象牙制成，但由于国家已经颁布了一系列政策，限制象牙制品交易，这严重影响了牙雕艺人的技艺传承和创作，他们难以获得优质的创作材料，牙雕的市场和前景也因此走向下坡路。近年来，牙雕从业者们也在尝试使用猛犸象牙作为替代品，但其品质远远不及温润如玉的象牙。和象牙不同，猛犸象牙的质地较脆，在进行雕刻时，容易成片地剥落，这对牙雕艺人们的技艺发挥也有很大影响。因此在牙雕这一行业中，更换材料就影响着本真性的保持。

此外，在非遗项目中核心技艺的变化，有时也会改变本真性。例如，传统的剪纸是由剪刀剪制或以刻刀刻制而成的，剪纸多用于传统民俗节日，如春节、清明节、端午节，及婚礼、葬礼、寿辰等重要的人生仪礼。但于当下，大部分人并不自行制作剪纸，在城市中，人们也不易在身边找到剪花能手，因而常常在市面上直接购买"剪纸"成品。在这些"剪纸"成品中，有很多属于机械制品，例如以激光机器在纸上进行切割、镂空的装饰品，由此制成的剪纸没有任何手工的痕迹，同时也丧失了一部分民俗意义，弱化了手工技艺的传承传统。手工制作属于剪纸中的核心技艺，这些不具有手工属性的机械化"剪纸"，只是单纯地为了张贴而存在，无疑也不具有本真性。张贴机械化"剪纸"在这个民俗中，只能作为一个动作、一个仪式性的环节而存在。

综上所述，针对保护本真性这一点，还需要根据具体情况来具体分析，不可一概而论，统一化标准并不适用于非遗的保护与传承。

刘魁立对于本真性做了详细的剖析："本真性的概念并不无视尤其并不反对文化的变化、创新，而是在承认社群自身有进行文化调适、文化创新的正当性的情况下，保证文化事象基本的一致性。"他曾在本真性的基础上提出一个叫作"基质本真性"的概念，由此来鉴别某事物的本质核心是否仍然不变且贯穿始终，并用图进行了清晰描述，如图5-1所示。因为非遗是具有历史性的，经过世代相传，其流变性不可避免，故而表层的外观常有变化；而本真性是容许文化在一定范围内进行流变与创新，其内核基本一致即可。但"变中有常"，决定其文化基因的深层的"基质本真性"却始终不变，这是非物质文化遗产的魂与髓，也可作为一个基本的标准，由此来界定量变与质变的界限，用来衡量某个非遗项目及与之相关的以物质形态呈现的内容是否已经质变，是否已成为"转基因"之物。

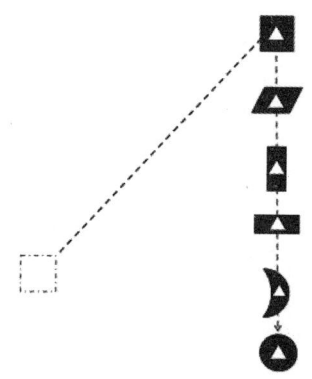

图 5-1 "基质本真性"示意图

但这种标准依然是相对模糊的，判断某一项非遗是否"转基因"，也要根据具体情况具体分析。本真性定义的组成是多元的，决定其本真性身份的包括该事象的形态结构、内在属性、外在功能，同时还需要收集相关个人和群体对其的评估反馈。基于非遗的复杂性，这些价值评估需要在对非遗项目深入了解和思考的基础上方能进行，甚至需要达到"量身定制"的"一项一评"，对于非遗，目前还尚未有能够放诸四海而皆准的评判标准，也并不能简单直接地做出统一标准。

三、非物质文化遗产的传承与发展的关系

非物质文化遗产保护方针中的后八个字是"合理利用，传承发展"，将传承和发展并置，不但表明了这二者的重要性，也体现了二者难以割裂的联系。事实上，非遗的传承与发展并非是不可调和的矛盾；在正确的保护和引导之下，非遗的传承和发展是可以相互扶持、相得益彰的。

非遗是具有生命的活态文化，其最重要和基本的特点就是传承。非遗的传承主体是传承人和传承群体，非遗正是借由他们的口传身授得以在历史的洪流中生生不息，非遗的活态性是历经流变和创新的过程而形成的，这些历史悠久的文化基因越过时间的维度，直至今日仍不断绝。非遗具有活态性和传承性，随之相关的就是流变性，流变性是伴随着生存状态出现的，体现了差别和统一，其变与不变都是相对的。非遗在保证其文化基因不变、核心技艺不变的前提下，会产生一定的变化。非遗的重要载体是活着的传承人，并非是固态的物质文化遗产，世间一切有生命之物皆会变化，一成不变的乃是死物。既有变化，便会有发展，此时我们不必去强行阻拦他们的变化与发展，而是要把握和引导非遗项目变化发展的方向和程度。原封不动、机械地保护传统技艺并不是非遗保护的正确思路，因为此时的原封不动与活态保护其实是背道而驰的，保护传统技艺，应当在不违背其内在规律的基础上，允许技艺的自然流变，使传统技艺在当代文化创意产业的生产中得以发展，借此达到保护的目的。

在非遗的传承与发展中，产业化并非不可为之。在各种非遗项目中，有一部分在历史上就在进行产业化的生产和销售，例如年画，包括杨柳青年画、朱仙镇年画、武强年画、绵竹年画在内的各种年画，都是由技艺娴熟的师傅们进行大批量制作的。制作年画需要数个步骤，一些师傅能够掌握所有的步骤，但每一位师傅都有自己所专门擅长的技艺步骤：有的师傅精于画稿，有的精于雕版，有的则精于上色。师傅们也会和学徒们以类似当代流水线的模式进行批量生产，这亦算是非遗产业化的历史。在当今时代，一些非遗项目依然保留着产业化的特征，他们可以依照传统的形式继续发展下去。对于一些过去由于技术原因所困，或是因为其他原因而不曾产业化的非遗项目，开发者可对其进行深入研究和学习。如果它们具有较强的市场潜能和文化、商业价值，又不存在传统民俗信仰里的一些忌讳，也或许是宜于进行产业化生产的。当然这种产业化发展需要符合市场经济的规律，也需要符合文化发展的规律，对于传承人而言，也有一定的惠利，可以起到保护非遗传承主体的作用。例如，蜡染在过去是以家庭和个人为单位进行制作的，一位苗族的妇女可以兼顾织布、画蜡、制靛、

染色、脱蜡等诸多环节。但在一些蜡染公司和合作社之中，她们则存在分工协作的情况，画娘专司画蜡，染娘专司染色，术业有专攻，由此可在较短的时间内完成大批订单。

非遗作为中华文化软实力的重要组成部分，也是当代文化创意产业发展的重要来源，设计师们可以从非遗的宝库中源源不断地汲取资源，进行多梯度的设计与创新。尤其是对于具有产业化潜力价值，并与现代生活密切相关的非遗项目，需要对其进行深入研究，找到适合该项目产业化发展的途径。在目前文化产业市场上，已有为数不少的文化创意产品正借非遗的"东风"而起，在这些文化创意产品的策划、设计、推广中，一部分是符合非遗的传承发展规律的，也符合市场经济规律，这是因为相关的设计师和策划者多是在深入了解该非遗项目情况的前提下规划设计的，更有一部分的设计师会先行向传承人学习相关技艺，再根据该技艺的特点，研发出适于该非遗项目的文化创意产品、艺术衍生品。此举源于非遗，是对非遗项目的发展推广，还在一定程度上提升了该非遗项目的"造血"能力，亦可对非遗项目进行"反哺"。

较为典型的案例是"传统铁器打造技艺"，这是浙江自然造物文化创意有限公司所进行的诸多项目中的一项。该公司始创于2013年，所有成员都具备一定的设计和审美能力，内部亦有细化分工，分管采风、拍摄、文案、设计等。该团队关注一些濒临消亡的传统手工艺，以不同的形式对其再现、再造和再生。自然造物在进行产品的设计制作前，首先进行采风、访问调查与资料整理，在田野调查中找到合适的手工艺项目，进行深入了解，并和具有娴熟技艺的手工艺匠人学习相关技艺，了解其中的文化内涵，优化流程，同时通过再设计，使古老的民间手工艺以一种全新的方式呈现在当今的语境中。过去，匠人们在进行铁器打造时，往往以传统的农具为主，如用于耕地的铁锄头、用于翻土的铁犁铧等，此外还有一些较粗犷的日常用具，如剪刀、菜刀、斧头等；但随着生产生活方式的变化，很多传统的铁制农具已经在生活中渐渐失去了踪迹，因此自然造物便将目光转向日常用具之上。他们对于日常所用器物之外观造型、锻造工艺和细节处理的要求是高于普通农具的。该团队在习得传统铁器打造技艺之后，经过反复尝试和磨合，首先设计出符合当代人审美需求的日常铁器，而后规划出具有可行性的三个铁器生产环节，这三个环节分别在不同的地方、由不同的人进行生产制作：第一环节，原材料铁矿石产自江西，自然造物在江西景德镇进行铁矿石的粗选与粗切割；第二环节，该团队将切割好的铁矿石运至浙江丽水市松阳县，在该处由匠人进行铁器的粗制；第三环节，粗制的铁器被运至浙江杭州，在自然造物的工作室内由设计师们进行铁器的细加工，产品如

图 5-2 所示。此举即在企业内部进行标准化的品控，提升工艺水准，可以有效避免市场同类产品的"跟风"和效仿。自然造物已有一部分较为固定的铁器产品，如锻造的茶勺、茶则，以及铸造的铁盘、茶壶等，他们将这些产品在微信、微店和淘宝的平台上进行宣传推广和销售。总体的发展态势是积极的，但由于手工技艺的耗时耗力，目前暂时还无法进行大批量的订单生产。

图 5-2 自然造物设计制作的铁器

自然造物在进行产品设计开发之前进行的预先学习和试验，是值得其他相关从业者借鉴的，此举解决了铁匠师傅在创新过程中可能出现的顾虑，设计师有充分的准备，这保证了双方的顺利沟通。自然造物团队交给铁匠师傅的设计稿，是在设计师自己做出样品，并且是具有可行性的，设计师也为铁匠师傅准备好了所有需要用到的工具。通过这些准备，团队有效地降低了铁匠师傅因为工艺调整所需要付出的代价。这不仅能提高新产品的研发效率、降低成本，更体现了自然造物团队对于手工艺人的尊重，这种认真的态度、深入学习的精神也使得铁匠师傅在对待作品时能够精益求精。

传承与发展，有如在一条河道中并行的水流。传承中即有发展，发展中亦有传承。二者缺一不可，难分彼此。缺少了发展的传承不具有绵长的生命力，因为历史总是向前推进的，而生命并非一成不变的；缺少了传承的发展，则是无本之木，无源之水，抛开传承一味发展，往往会偏离轨道。在当代社会，"文化搭台，经济唱戏"不可避免，虽然这未免降低了文化的价值；但从另一角度视之，将文化作为资源并以良性的态势发展经济，也是正确的"造血"方式。关键在于，我们万不可在"经济唱戏"之后，拆下"文化之台"，将之弃如敝屣。在传承达到一定的深入程度之后，发展是自然而然的，但如只是对某项非遗仅有一知半解，便谈及发展，此举则如同拔苗助长。

四、源于非物质文化遗产的文化创意产品

"保护为主，抢救第一，合理利用，传承发展"，这是非物质文化遗产保护工作的重要指导方针，见于国务院办公厅在2005年发布的文件《关于加强我国非物质文化遗产保护工作的意见》。其中前八个字重在保护，而后八个字则谈及持续发展。"合理利用，传承发展"指的是将非遗融入当代生活：一方面，和过去的几十年乃至几百年一般，将非遗以传统的形式进行传承接续；另一方面，则是在文创产业的视野下，以非遗作为源头活水，将其与文化创意产品进行融合。文化创意产业和非物质文化遗产保护二者是并行不悖的，设计师可通过深入的调查、学习、研究、实践，在非遗资源库中找出其中适于作为文创产业资源发展的项目，根据其具体情况进行多梯度、多方面的再设计。保护非物质文化遗产、发展文化创意产业，这二者都是提高国家的文化软实力的重要途径，而将二者进行有机结合，以文创为形，采非遗为魂，更加有助于宣传弘扬中华民族的价值观，保护本国文化的独特性，在推进文化发展的同时产生一定的经济价值。

以非物质文化遗产为源，进行文化创意产品的设计是可行的，也有着可观的前景和市场，但这种衍生并不只是简单随意的相加，而要把握非遗的本真——这是贯穿非遗与文创产品的灵魂，经过深入思考、策划、设计、实施、宣传、营销，由此形成的文创产品在体现非物质文化遗产的同时，也要兼具创意与功能。中国的文化创意产品设计应当具备独特的风骨和韵味，更须蕴含属于这个古老国度的智慧和意境。作为中国的设计师，不应仅仅只是掌握设计法则与软件操作，更应了解那些传统图形语言背后的渊源掌故，知晓其为何物？为何而成？如何而作？设计只是方法，如同一个容器；而一个国家和民族的文化传统便是这容器中所承载的内涵。将传统文化与民间艺术注入设计之中，亦是为设计注入具有本土精神的灵性与魅力。让非遗传承人进入高校学习艺术设计的思路是存在一些隐患的，相比之下，向艺术设计及相关专业的学生传授和非遗相关的课程——尤其是手工技艺类的非遗，让设计师们学会剪纸、泥塑、皮影、蜡染、年画、木作……将这些传承了千百年的无形文化，借由创意设计的多种媒介，在当下的文化创意产品设计领域绽放光彩，才是中国文创设计的制胜之道。

第二节　非物质文化遗产创意产品设计核心理念

在将非遗转化为文创产品之时，我们又要回到一个重要的概念"核心技艺"上。对于形形色色的非遗而言，其"核心技艺"并不可一概而论，也很难设定一个统一的标准。邱春林曾以传统手工艺为切入点大致阐述了"核心技艺"的概念："有关手工艺的知识经验，在民间最普遍的存在形式是主观的、纪实性的、因材因时因地而异的，这里头人的因素、时间因素、空间因素、物质因素都是影响手工艺质量的变量。手工技艺的本质不是工具所蕴含的技术性，而是个体的技能技巧，尽管变化是手工艺的常态，但对于任何一门传统手工艺而言，变中总有相对不变的因素，否则就既没有什么传统可言，也没有它独立存在的价值，我把这种相对不变的内核称作决定某门手工艺独特性的'核心技艺'。"手工艺的核心并非炫技，并非令人眼花缭乱的工艺本身，而主要是"以手工艺的方式表现出的造物哲学、人生态度和生活习俗等人文内涵，这种人文内涵密切关联着一个地区长期以来形成的精神个性，这正是我们国家文化多样性的重要基础。"这些核心技艺和文化内涵，是所有非遗文创设计师需要关注和深入学习的。

一、文化内涵

如若将"非物质文化遗产"与"文化创意产品"进行重合而产生交集，核心在于"文化"。非物质文化遗产虽然是个新生词，但其间包容的却是民族古老的过往。倘若去掉文化，那么非遗便没有了灵魂；文化创意产品若只余下创意和产品，也就失去最为独特的内涵。

以剪纸为例，剪出图案的纸张是物质层面的，这只是一种载体，文化才是最为核心的本质。在剪纸中，最重要的文化概念是剪纸背后的文化传统，剪纸和张贴剪纸的习俗和它们所生存的"文化空间"，手工艺人所掌握的技艺，是经由世世代代口传身授的。同时，剪纸中几乎所有的图案都有其特定的含义，中国民间婚俗剪纸之中的常见有"鹰捉兔""老鼠上灯台""龙凤呈祥""狮子滚绣球""扣碗"等图形，它们看似是动物相戏、蔬果丰盈，实则是对男女相合、阴阳相交的一种隐喻，其中的"鹰""鼠""龙""狮子"等象征着婚姻中的男性角色，"兔""灯台""凤凰""绣球"等图形则象征着婚姻中的女性角色，并且在刻画中，人们通常会用"多子"的文化概念来特别突出母体的特征。而诸如"喜上眉梢""福在眼前"，使用的则是谐音"假借"的隐喻之法,"喜上眉梢"被刻画为喜鹊登上梅花枝梢,"福在眼前"被表现为蝙蝠与铜钱的钱眼,梅与眉、蝠与福分别互为谐音字。

在基于剪纸这一项非遗进行文创产品设计之时,设计师需要首先深入理解剪纸中所包含的各种文化含义,将具有文化基因的部分提取出来,经过创意设计进行转化。在此过程中,设计师应当尽量保留一定的文化基因,使其在设计过程中不至于被淡化或丢失。图5-3中的"祥云护角-防撞桌角"为台湾叶朵设计有限公司设计的产品,材质为硅胶,创意来源于中式传统家具及木箱四角的金属"包角",融合了富有吉祥寓意的传统的祥云图案"云头纹""喜上眉梢""福字纹"的剪纸图形及防撞的实用功能。从图形的表意、色彩、剪纸纹样的设计规律等多方面审视这件文创产品,不难看出,设计师用心地保留了剪纸中特有的文化内涵,同时赋予它新设计、新思路、新材质、新功能……这些新的变化都是中国本土设计师探究的方向。相反地,也有很多剪纸的周边产品并不具备足够的文化内涵。例如近年来市面上常常可见一类变异的"剪纸",剪纸悠久而丰富的文化内涵最终变成了机械而成的红白二色,而其中的图案也不再具有传统文化内涵,而被换成了各种各样的卡通形象,生产商为了吸引更多的低龄人群,甚至将一些卡通图案用激光雕刻在红纸上,或直接以红色油墨印刷在纸面上,再辅以若干红色的线条和图案,此类产品并未体现非遗的文化内涵。

图5-3 中国台湾叶朵设计有限公司设计的硅胶"祥云护角-防撞桌角"

二、手工技艺

尽管随着科技进步,机械与电力驱动工具层出不穷,但对于某些技艺、以及技艺中的某些环节而言,手工之美是无法替代的。因此对于一些以手工艺为卖点的文创产品,其手工制作便是必须保留的核心原则。手工不是千篇一律的重复,每一件作品都有着差别,行家能在精工细作中看出手工的痕迹与温情,其重要性至今仍然无可取代。刺绣种类繁多,其精工细作的一针一线仍难以用机器代替，如精致入微、细如毫发的破线绣。中国的绣种多样，如苏绣、杭绣、粤绣、蜀绣、湘绣……，手工刺绣之精美是机绣远不能及的，目前一些工艺仍无法用电脑替代，最为精湛的技艺依然需要依靠人脑与人手来完成，这是机器难以达到的程度。再如四川青神竹编、浙江安吉竹编，这些技艺目前借由机器仍然无法完成。

绣娘们的巧手仍然是不可替代的。使用电脑绣花机可以在短时间内完成大量机绣产品，但其做工和精美程度却远远不及手工之物。只是在"破线"这一环节就可见端倪：苏绣等传统绣种可以将一根真丝丝线层层劈开，最多者可将其劈开128份，细如毫发，几乎不可见。这些手工技艺也是机器所难以企及的。

机绣产品多用于服装、包袋、日用家装产品，机绣的图案较为结实坚固，且价格较手工更低，耐得日常的磨损，目前在市场上也很多见。使用电脑进行绣花，也有精致与粗糙之分，二者相差也有天壤之别，作为一种装饰途径，机绣有其积极的一面，但须适当应用。

玉雕中的"俏色"需要玉雕匠人巧妙利用玉石固有的色彩与形态进行玉雕创作，常常有化瑕疵为创意的巧思与巧工。这种"俏色"玉雕凭借匠人的思考，凝结了手工艺人天长日久积累的经验与审美；各种各样的手工艺品，包括每一件苗族传统银饰、每一件花丝镶嵌、錾花饰品都是独一无二的……使用机器生产的批量化产品很难体现它的手工精髓，一些出自巧思巧手的手工艺品需要"随机应变"的智慧，机器仍无法完成。一部分机器制品做工粗糙，改变了传统的味道。行家可以轻易地辨别手工艺品和机器制产品的差别。目前，一些设计师和商家都在以传统手工艺品为基础，截取其中一部分进行设计，这些产品无疑是以手工技艺为核心的，如贵州剑河苗族锡绣和贵州织金苗族蜡染的设计的首饰就属于非遗文创产品的范畴。锡绣是一种由锡制成的绣品，是将金属锡丝条捻卷成管后，绣缀于藏青色布料之上而成的。而织金的蜡染格外精致细密，在蜡染成品上再行刺绣。在贵州少数民族地区，这些属于传统技艺类的非遗原本并不用于制作时尚饰品之上，而是用来制作日常或节庆时穿着的服装，设计师选择这些手工艺品进行再设计，因其视觉效果极为突出，又兼具手工与文化内涵；而消费者之所以选择这一类以手工为核心的文创产品，也是看中其中的手工艺术价值，基于他们自身的文化情怀而购买的。

三、传统图案

所谓传统图案，指的是中国传统文化中涵盖的所有图案造型，包括各个民族的民间艺术、宗教信仰、民俗仪式中存在的图形，以及传统的生活方式中使用的器物造型与各种装饰纹样，如各民族的传统服装、生活用具、民居建筑及其中的各种图案。这些传统图案经过千百年的历史变迁，具有形形色色的艺术风格和造型特点，每一个民族、甚至每一个民族的每一个支系，都有着和本民族信仰相关的图形，而其中的一部分，我们可以称之为"图腾"，其中往往隐喻该民族所尊崇的祖先与所信仰的神灵，和该民族的创世神话多有密切关联。

神话、图腾、信仰这三者是密不可分的，同时也都为民间美术的造型注入了源源不竭的活力。在原始社会，人们以氏族的形式存在，每一个氏族都有自己信仰的神灵，其以图腾（或称族徽）的形式存在。图腾本系印第安语"totem"，意为"属彼亲族"。原始社会的人们相信每个氏族都与某种动物植物或其他自然物有亲属或其他特殊关系，一般以动物居多；作为氏族图腾的动物，如熊、狼、蛇等，是该氏族的祖先，这些神圣的动物图形便是他们顶礼膜拜的对象。

（一）苗族传统图案

从一些少数民族的传统图案中，可以管窥先民对世界的理解和对祖先的想象。在贵州、湖南一带的苗绣及苗族的蜡染和银饰中常见"蝴蝶妈妈""吉宇鸟""铜鼓纹"的形象。"蝴蝶妈妈"是苗族神话中天地混沌之时的创世之祖，即苗族的母祖大神榜妹留。苗族古歌中记载：开天辟地之后，母神"蝴蝶妈妈"与水中的水泡"游方"（即恋爱）后产下十二个蛋，但"蝴蝶妈妈"并不会孵化，"吉宇鸟"（也称鹡宇鸟）担任了"养母"的角色，帮助"生母"将蛋孵化，生出十二兄弟，包括人类的始祖姜央，以及雷公、龙、象、牛、鸡、蛇、蜈蚣、羊、虎、狗、山猫，世界万物由此开始共融共生。蝴蝶便成为苗族的始祖，即"蝴蝶妈妈"。吉宇鸟是苗族文化体系中的生命之鸟，也代表吉祥和光明，常常出现在苗族女子盛装时佩戴的银冠上，贵州雷山苗族银角就是"吉宇鸟"的一对翅膀。"铜鼓纹"则体现了苗族先民对于太阳的崇拜，其具有向外辐射的线条，代表光芒。一些铜鼓纹中心有平均分成四瓣的漩涡状纹样，据贵州凯里学院老师淳于步口述，这种铜鼓纹样也包含着阴阳和合的意义。在贵州黔东南苗族服饰中，常见一种圆形旋涡状的"窝妥纹"，也称"涡头纹"。淳于步认为"窝妥纹"象征"蝴蝶妈妈"头上的触须，"蝴蝶妈妈"是苗族所崇拜的始祖，故而"窝妥纹"中蕴含了苗族人对于祖先的信仰。

以上所述的"蝴蝶妈妈""吉宇鸟""铜鼓纹""涡头纹"图案，包括姜央、龙、蜈蚣、牛等，都属于最为典型的苗族传统图案，既讲述着苗族悠久的历史和文化内涵，也表现出苗族手工艺人丰富的想象力和多样的造型手段。这些图案并不仅仅只是作为装饰图案存在的，而是通过这些充满了祖先"神力"的线条来寄托自己的信仰，达到心灵的满足。正如 W.沃林格在作品《抽象与移情》中所说："他们在艺术中所觅求的获取幸福的可能，并不在于将自身沉潜到外物中，也不在于从外物中玩味自身，而在于将处在世界的单个事物从其变化无常的虚假的偶然性中抽取出来，并用近乎抽象的形式使之永恒，通过这种方式，他们便在现象的流逝中寻得安息之处所。"

在对文化创意产品进行设计的时候，设计师也应对与其相关的文化遗产进行深入解读，找到传统图案的源头，以其为核心研发文创产品，传统图案此时便起到了一个类似于"族徽"的功能，可以引起有着相同文化背景人群的共鸣，也可以使抽象的文化概念变得更加具象，形成物化的、可视的产品，在推广和销售产品的同时起到文化普及推广的作用。

在进行文创产品生产时，特别是大批量生产时，一些产品并不会直接使用传统的材料和工艺，转而使用具有较新科技的原料与工艺制作。在这种情况下，厂商们往往会提取传统的造型和典型图案，以此作为牵引古今的一条脉络。如果此时从原料、工艺到图案都不再依循传统，那么这种产品也不可称之为"文化创意产品"。

同样是蜡染主题文创产品，目前市场上便常常可见偏离传统的蜡染，如图5-4 所示，从严格的意义上来说，这一类作品属于使用蜡做防染剂勾勒轮廓，以化学染料进行快速上色的，所绘制的内容也并非具有精神力量的传统装饰图案，而是 20 世纪末开始流行的工笔重彩装饰画，绘制者偏好这一类设色浓艳、造型大胆，且具有民族风情的画作，以画家丁绍光的作品最为典型，这类"蜡染"中多呈现一些身着传统服装的少数民族人物。在当年，这一类的工艺品产量极大，也可算作一种试验创新之举，但其后却成为误导；尤其是在 2002 年中国申遗成功后，非遗的热度逐渐攀升，更有诸多商家将一些非传统的民间工艺冠之以非遗之名。经过艺术处理的民族风情并不能等同于民族的文化和历史，也并不能够承载关键的文化基因。

图 5-4 绘有少数民族人物的"蜡染画"

那些和神话、民俗和宗教的崇拜信仰相关的传统图案、在历史上世代相传的物质与非物质文化遗产，耐人寻味亦经得起推敲，其中有很多具有装饰性的图案、造型、符号都可以作为文创设计的重要来源，无须舍近求远。在如今的时代，我们应当回头审视祖先留下的文化遗产，并在现代社会赋予其新生的力量；而现代的设计师更应当将传统文化与现代设计相结合，做到回归本土、不拘一格。

（二）中国民间婚俗剪纸图案

婚俗剪纸"鱼戏莲"及"鱼咬莲根"是中国民间婚俗剪纸中的常见图案，如图 5-5 所示，在这一组对偶的图形之中，鱼象征男性，而莲花象征女性，莲花之中的数个莲子则指呱呱落地的娃娃，具有类似含义的还有"鹤探莲""鸟闹莲"。莲花象征女性，而在图 5-6 所示的另一组对偶图案"鸟衔鱼"之中，鱼所象征的角色则完全反转了过来，其间占了主导地位的鸟变作了男性，而被衔住的鱼则成了女性——因为女性在中国传统文化体系之中，大多居于被动的地位。由此，这两组对偶的关系也演变出"连（莲）年有余（鱼）"和"吉（鸡）庆有余（鱼）"的吉祥寓意。

图 5-5 剪纸"鱼戏莲"　　　图 5-6 剪纸"鸟衔鱼"

"鹰捉兔"的婚俗剪纸，如图5-7所示，亦称"鹰踏兔"，有着强烈的生殖崇拜意味，在民间广为流传，尤其盛行于山陕一带。在"鹰捉兔"的对偶组合之中，鹰专指男性，而兔专指女性——不似前文的鱼，在两性之中还可灵活转换。在中国和外国的诸多神话中，鹰通常象征着太阳神或刚强勇猛的战神，而兔则是阴柔的、温顺的。在中国神话体系中，常伴西王母及嫦娥的便是玉兔，也是传说中的月神。

图5-7 剪纸"鹰捉兔"

中国民间具有阴阳隐喻意味的图形数不胜数，"老鼠偷南瓜""老鼠偷白菜"及"老鼠上灯台"便是典型的例子。如图5-8所示的"老鼠啃甜瓜"呈现的便是这样的一组阴阳关系。老鼠排于地支之首，有"子鼠"之称，即为男子。而南瓜和白菜由于其多子的特征，意指孕育生命的母体。同样由于多子而带有女性母体特征的符号图形还有青蛙（蟾蜍）、石榴、葫芦、葡萄、西瓜、豆荚、花生、枣子、栗子等物。老鼠所登的灯台由于其上凹陷可盛灯油，仿若女阴之形，故有此意。另一组对偶关系"狮子滚绣球"中，狮子因其阳刚之气和主导地位居于男性角色，而被玩耍滚起的绣球则犹如封建社会中大多数女性的地位一般，须得谨遵三从四德，难以获得自主的话语权。再看猴儿吃桃、游龙戏凤、蝶恋花、蛇盘兔、茶壶、扣碗……都隐喻阴阳的关系，在吉祥如意的表层寓意之下，其蕴藏的深意又回归到阴阳之理中。

图5-8 剪纸"老鼠啃甜瓜"

（三）中国民间蓝印花布图案

再如蓝印花布的传统图案，这是在民间工匠的反复实践中形成的，这些图案轻灵而拙朴、典雅而活泼，即所谓"大巧若拙"。《周易》中"观物必有对，事必可比"的对称观，在蓝印花布上被反映为首尾相逐的连续性图案和中心对称，或上下左右对称的图案形式，中庸之道通过这种平衡的动态体现出来，寓意生生不息。

点是蓝印花布图案构成中的重要元素，蓝印花布图案中的线条常常由若干等间距的小圆点构成，花团锦簇之间富有秩序感，亦不失活泼气息。蓝印花布的艺术特色不仅在于用点组织纹样，更重要的是这些点组成的图案在花布中的整体布局。蓝印花布既体现了点线面之间对比和调和的关系，又体现了点线面与整体图案结构之间的关系。

纵观蓝印花布的图案，大多寄托着人们的诸多美好愿望，譬如取"多子"之意的石榴与鱼，象征着子孙繁衍、人丁兴旺；梅兰竹菊则取其傲岸高洁、清雅淡泊之意；若将梅与竹的图案单置，又有"青梅竹马"之意；菊花与"猫蹄花"，这是蓝印花布图案构成中最基本的单元，菊花是由中心的圆形白点与周围的十一到十二个梭形白点构成，而"猫蹄花"则是七个大小均等的圆形白点。以这些简单的图案单元为基础，民间工匠在花型上进行置换和扩展，便可构成带有不同含义的"冰盘菊"图案。如"盘长冰盘菊"便是将菊花的花瓣重重扩充，再将中国传统的盘长结装饰在其中，盘长的图案意为子孙延续、长久永恒；若将当中换为"双喜"字样，便为"双喜冰盘菊"，这种图案的被面多用于新婚之时，寓意双喜临门、百年好合。由这蓝白相间的图案之中，可以发现民间工匠创作蓝印花布图案的手法，亦可看到中国人自古以来乐观旷达的心态和对美好事物的追求。

蓝印花布在图案造型上普遍存在"拙"的特征，一点一线，一刻一划，看似朴拙，却有十足的韵味。这种"拙"的特征是由雕版工艺的限制而形成的——工匠在刻花版时需以刀代笔，经刷油制成的油版又相当坚韧，容不得过于细巧繁复的勾画。正是这种古老传统工艺的制作与材料限制，成就了蓝印花布"大巧若拙"的风格，更升华了这种传统工艺的特色。历经千载的传承与流变，方有今日这古朴清雅、独具一格的蓝印花布。设计师需要在了解传统图案文化内涵的基础上，方能设计出符合传统与当代的文创产品。

设计师运用蓝印花布的图案进行设计，除了对其图案进行分析与重构，还可考虑采用不同的肌理材质，用一种迥然不同的媒介来表现蓝印花布的古朴清雅。2008年北京奥运专用车的甲壳虫车队中，便有吴亮发设计的"蓝印花布甲壳虫"，如图5-9所示；而蓝印花布的图案表现在首饰设计中时，亦能独放异彩。设计者运用了效果近似珐琅彩的水晶胶进行上色，重现其对比统一和"集点成花"的艺术特征。柔软纤维与硬质金属在设计师的巧思之下合而为一，古老的文化与现代的审美亦合而为一。当蓝印花布的图案和汽车车身的金属漆面相结合，或是化为时尚的摩登饰品之时，具有差异的融合会产生新的视觉冲击。在材质和功能的变化中，设计师依然可以留住中国文化的根脉。

图5-9　2008年北京奥运专用车"蓝印花布甲壳虫"

在寻遍各种材料媒介之后，设计师可以回归到最初的手工印染方法和柔软的面料中。北京采蓝文化投资咨询有限公司专注于蓝夹缬、蓝印花布的研究和衍生品设计，如图5-10所示的蓝夹缬档案包，是在民间传统的手工织造土布上进行传统夹缬的制作，而后剪裁成为现代的时尚生活用包。另一件产品蓝夹缬缎面围巾，如图5-11所示，是在回归传统的同时将其功能进行了延展。蓝夹缬在中国民间多用于背面，多使用土布，少有真丝缎面；但若使用土布作为围巾的面料，又太过于粗硬挺括。在唐代，曾有薄如蝉翼的丝织品用于夹缬的制造，而今"采蓝文化"将传统的土布材质改为真丝缎面，既是创新，更是一种对传统的追溯与回归。

图5-10"采蓝文化"　出品的蓝夹缬档案包　　图5-11"采蓝文化"　出品的蓝夹缬缎面围巾

四、优质的原材料

使用植物染色与化学染色的成本相差较大，因植物染料也各自有别，二者成本的比例大约是 5：1 到 8：1，一些民俗旅游景点在进行非遗技艺的展示时使用植物染色，但所销售的产品则使用化学染色，甚至也有全部使用化学染色的。当下，这些机构主要是为了"生人社会"而生产，不是为了"熟人社会"生产，费孝通先生在《乡土中国》一书中提到了生人社会与熟人社会，过去，优质的原材料多存在于熟人社会当中的作坊模式。

笔者曾在 2012 年对大理周城进行调查，当地的大部分染坊都在使用化学染料。使用带有毒性的化学染剂不利于环境保护和可持续发展，更不利于人与自然的和谐共处。在处理染色所用的工业废水时，水体会被污染。植物所制的天然染料取自于自然，又还之于自然，主要染料有蓝草、栀子、姜黄、苏木、茜草、红花、五倍子、槐花、薯莨等。染料无毒无害，不会对人体健康造成伤害。所染的织物色彩自然、经久不褪，具有防虫、抗菌的作用，这是化学染料所不具备的，而原料材质的差别有时也和其原产地有关。

2006 年，北京的雕漆技艺入选第一批国家级非物质文化遗产名录。雕漆在中国有着悠久的历史，在这种传统技艺中，优质的原材料占有举足轻重的地位。雕漆使用的大漆即天然生漆、漆树液，需由漆树中割取。工匠们使用大漆进行传统的漆器制作，而后再进行雕刻。常被称为"化学漆"的涂料和天然漆有着很大差别，这不仅体现在质地和光泽的不同，还体现在环保与健康的层面上。大部分化学漆对人体有害，而天然的大漆则除了会导致一部分人的过敏症状外，对人体还是多有益处的，如具有止咳、止血等重要功能。以大漆制成的器物，可直接用来盛放食物、饮品，而大部分化学漆制品则不可直接接触食物。

再以宣纸制造为例，在传统的工艺流程中，纸张的漂白环节应当经过漫长的日晒，一些匠人嫌其耗时太长，希望缩短造纸的时长，于是使用化学成分的工业漂白剂，其见效很快，但纸张纤维的内部结构随着这些漂白剂的加入而发生变化，其质地因此变脆，韧性变差，使用这种漂白纸进行创作的书画也因此寿命变短，易碎裂。

五、立足民族与地域特征

在非物质文化遗产的基本特点中，民族性和地域性都占据着重要的角色。《非物质文化遗产概论》中对于民族性有这样的阐释："民族性是指为某一民族独有，深深地打上民族的烙印，体现了特定民族的独特的思维方式、智慧、世界观、价值观、审美意识、情感表达等因素。"从较为直观的服饰、建筑、语言文字、生产生活方式，及至深层的价值观、哲学观、审美与宗教信仰，都具有较强的民族性。地域性也是使每一个非遗项目都独具特色的重要原因。"一方水土养一方人"，非物质文化遗产都是在特定的"一方水土"中生根发芽的，非遗与周遭的环境密切相关，从非遗项目之中，可以解读出非遗所在地域的地理环境、生态物种、生产生活方式和习惯，包括宗教信仰和价值观念、传统习俗等。即使是同一项传统技艺，在不同的地域和民族中，所表现出的特征也有所不同，这体现在形式、技法、象征等诸多方面。以中国民间的年画为例，分布在大江南北的不同地域，其造型图案、线条色彩、制作技法、概念内涵都各自有别。例如，天津杨柳青的年画除了木版印刷轮廓及若干色块之外，还有精细的手工"脸"，需要勾眉画眼、敷粉点红。四川的绵竹年画在印出轮廓后，娴熟的画工有时会为了赶时间而以手工快速上色，其中有率性洒脱之作，名为"填水脚"。而河北武强年画、河南朱仙镇年画、江苏桃花坞年画需要用到木版印刷与彩色套色这些具有地域性差异的传统技艺，正可以作为独一无二的民族性地域性特征而存在。

  剪纸在不同的民族和地域中，功能、造型都有很大差别。北方风沙较大，旧时尚无玻璃可用，民间常以有韧性的纸张糊在窗格之上，以防风沙。剪纸多以窗花的形式被张贴于方形窗格之上。南方少风且气候潮湿，无须在窗上糊纸，也少见窗花。南方剪纸多见于灯笼上的"灯花"和祭祀时所用供品表面覆盖的"礼花"。

  将非物质文化遗产作为核心价值转化为文化创意产品，并非简单地通过网络搜索或是阅读一些出版物就能确认其定位、特征与内涵的。这需要设计师身临其境，走进民族的文化空间，深入村寨去感受和学习。古语曰："百里不同风，千里不同俗。"地域和民族的真实差异往往会比人们所想象的要大，这也正体现了一族一地文化的独特性。在设计师进行文创产品的构思时，应避免"张冠李戴"的情况。例如，在为甲地的某个非遗项目进行文创产品设计时，错误地采用了乙地的非遗项目中的图形，便属不合时宜。

  在进行文创产品设计时，设计师可以借鉴非遗保护的整体性保护原则。非物质文化遗产所存在的环境是相互依存、浑然一体的。在非遗保护中注重整体性是指人们不仅要保护非遗的形式与内容，还要保护非遗传承人及非遗所在的文化空间、生态环境。中国是一个多民族的国家，地大物博，不同的民族、地域和物产造就了不同的艺术形式和风格，这使得中国的设计师在文创产品设计方面承担了更多的责任；同时，设计师也得以从这些千差万别的民族与地域中获得更多的灵感来源和创作资本。在设计文创产品时，设计师应注重整体性，将与设计对象相关的民族性、地域性等诸多方面进行同步分析，避免舍本逐末。

第三节　非物质文化遗产创意产品设计方法

　　基于非物质文化遗产的概念进行文化创意产品设计，既不同于常规的平面设计或工业设计，也不同于传统技艺类非遗的产业化发展。源于非遗的文创产品设计，或称"二度设计"，相对于平面设计而言，增加了传统文化层面的概念和因素，这对设计师有更多的要求，如文化素养及对于非物质文化遗产在广度和深度上的理解力、领悟力和鉴别力，同时也需要更多的创造力和动手能力。时至今日，中国几乎每一个艺术类院校，甚至一些综合类高校、理工科院校，都设置了平面设计或视觉传达的专业方向；但在相关的教学大纲中却缺少诸如中国美术、艺术或设计史，传统文化，传统图案，民间美术等课程，或是未将其列为必修课程；部分学校设有相关课程，却缺少能够打通传统文化与当代设计的渠道和认知，学生们往往无法真正地"学以致用"。最为现实的一点则是更多的教育资源和设计力量在向着网络与交互设计倾斜，因为这一类专业学习的"性价比"较高，入门门槛较低，学习时间较短，成效较快；而关于非物质文化遗产和文化创意产品设计的学习，则需要设计师切实地把握对真实世界的认知、对中国传统文化的敏感、对手工造物的敬畏。纵观一些可圈可点的文创产品，其中不乏对于传统手工技艺的深入把握。学习传统手工技艺是一个相对漫长的过程，即使只学习一些基础的技法，也并不如平面设计或是交互设计有立竿见影的成效。不过，对于文创产品的设计师而言，掌握传统技艺的基础技法与当代设计方法便是难得的优势了，这些基本常识可以满足设计师与传承人或手工艺人的顺畅沟通，最终的文创产品可以借由"设计师＋传承人"的组合方式设计而成。

　　通常而言，工业设计专业的设计师会拥有较强的动手能力，那么此时对他们最关键的考验则是对民俗和传统文化是否有着足够的了解、兴趣与尊重。一直以来，中国的工业设计的学习理念秉承包豪斯所提出的概念和方法——工业设计起源于二十世纪上半叶的德国公立包豪斯学校——学生所学的多为设计素描、平面构成、色彩构成、立体构成等设计基础课程，以及人机工程学、设计心理学、产品设计、产品建模等专业课程。这和中国传统文化及哲学思想、传统技艺类的非遗、传统手工造物的思路迥然不同，在中国高等院校的工业设计专业教学大纲中也缺乏本土文化方面的要求，这导致了一个结果，在设计师需要进行文创产品设计时,面对这个巨大的艺术宝库,只能把这些资源当作没有温度的设计对象,按部就班地对其进行图形处理。

在进行相关的授课时,艺术类院校可以采取"以赛代练""以项目代练"的模式,建立工作室,进行文创产品的实题设计。首先发布命题,讲解赛事或实题的要求、非遗文创设计的思路方法,而后带领学生对中国民间美术和文化遗产、文创设计的概念进行学习,再由教师及手工艺人对非遗文创进行示范修改,提出建议,对设计和制作思路、实现手法给予详尽指导,最终呈现成品。

一、使用传统工艺与材料,控制品质

非物质文化遗产是一种传统生活表现形式,而在传统技艺类的非遗项目中,传承人通常会使用天然材料进行制作。手工制品有时是难以完全统一标准的,但手工艺人可以凭借精湛的工艺在一定的范围内做到相对的一致。无论是为了控制品质,还是为了提高工作效率,"流水线"都不失为一个可行的模式。此处的流水线可以由不同的人员来完成,也可以由同一人分别于不同的时段来逐批完成。

流水线模式并不代表粗制滥造,事实上,在中国传统手工艺领域,很早就有了分工协作的概念,手工艺人通常能够掌握整套手工技艺,而精于其中的某些环节。有时,同属一门的手工艺人各有所长,在进行这种最初的"流水线"制作时便有所侧重。例如:浙江温州的蓝夹缬制作,就有长于绘制粉本的匠人、雕刻夹缬花版的匠人;在2008年成为国家级非物质文化遗产的北京灯彩也是依靠着类似的分工合作进行宫灯、花灯等产品的制作。北京红灯厂的前身是清朝的彩灯作坊"文盛斋"以及大栅栏廊房头条的几家灯彩店,笔者在与传承人翟玉良的沟通中得知,北京红灯厂里的师傅都有各自擅长的技能;在技艺的传承中,亦有长于木工、雕刻、漆饰、编结、绘画等各自不同流程的匠人,各有所长的手工艺人各司其职,这种分工协作的"流水线"并非近来才有,而是早在其诞生之初,便依照此等模式进行手工艺的生产。河北蔚县剪纸的制作分工中,就分为专门设计剪纸图案的设计师、专门负责刻纸的刻工、专门点染上色的色工。目前一些非遗项目所使用的流水线制作实际也延续了20世纪国有企业师傅带徒弟的惯例。

专门制作北京民间玩具"兔儿爷"的北京吉兔坊就使用流水线模式进行作业,吉兔坊的负责人胡鹏飞为了提高生产效率,对人员的技术环节以"流水线"的模式做了专门的分工安排:捏泥人、翻模子、做彩绘,最后还有专门负责审核和包装的，保证"流水线"上每一个环节的做工，由此控制产品的基本品质，同一款产品间会存在手工的细微差别，但不至于出现大的瑕疵和落差。每年的春节与中秋节是"兔儿爷"需求的高峰期，最为繁忙的时候会有几十个匠人同时工作。

二、基于传统技艺，改进工艺及扩展功能

每一件基于非遗的优秀文创产品设计，伴随的是深厚的文化积淀和经验。对传统文化和手工技艺毫无了解的设计师，只凭天马行空的想象未必能将产品图稿变为成品；甚至在做出样品后，也未必能够对其进行产业化。在基于一些门槛较高的传统技艺进行设计时，设计师会遭遇各种问题。当设计师基于传统手工艺进行形态与功能创新的时候，需要进行思考和探索的不仅仅只是造型，因为随着造型和功能的变化，也需要有能相适应的材质和工艺作为支撑，甚至一些传统的材质和工艺不足以再支撑新产品。设计师必须要在掌握传统技艺的基础上对其进行新的探索，在这种情况下，存在几种可行的思路：第一，设计师与手工艺人密切配合，这种配合要是顺畅无阻的，是建立在设计师已向手工艺人习得技艺的基础上的，设计师所习得的技艺未必如传承人一般深入娴熟，但仍需有所了解；第二，设计师在熟练掌握传统技艺的基础上，有强烈的创新意识，并且有足够支撑这种创新探索的知识储备和资源。当然，后者是非常理想的状态。无论如何，传承人需要首先保证传统技艺的传承，再谈及创新。

和合雕漆局出品的"雕漆手机壳"，如图5-12所示，是基于传统工艺与材质进行创新的文创产品，具有很强的典型性，在此作为案例进行分析。其设计师为刘博闻，他是雕漆工艺美术大师刘忠英之子，同时，他也掌握了雕漆的工艺，是市级工艺美术大师。刘博文兼任了传承人与设计师两个角色，他子承父业，掌握了雕漆的技艺，虽然在手工艺的熟练程度和精湛程度上不如其父，但具有创新的意识和足够的基础。在进行技术革新时，他需要借助其父的技艺和经验。传统的雕漆工艺品在直接接触皮肤产生的汗液时，人体会产生过敏的反应，对于长期持于手上的手机壳，刘博闻和其父共同研究新型配方，在传统大漆的原料中加入了避免人体过敏的新成分，不但可以制成手机壳，这种配方的产品也可以制成直接接触皮肤的饰品。和合雕漆局的产品分为高端与低端的不同档次，高端产品根据事先设置好的程序，使用机器进行雕刻；低端产品则使用浇铸的方法，做工不如机雕的版本精致。在使用机器制出半成品后，还要借助人力对其进行细加工，包括打磨和做旧。

第五章　体验经济背景下非物质文化遗产创意产品设计

图 5-12　"和合雕漆局"出品的"雕漆手机壳"

如"铺首衔环"朱门金钉手机壳是根据中国传统建筑营造进行设计的文创产品。"铺首"是具驱邪意义的中国传统建筑门饰，为兽首形态，嘴衔一环。相传其造型为龙生九子之一——椒图，好闭口，故古人将其饰于门上，用以守宅。"朱门金钉"为皇家专用装饰，即在朱漆大门上饰以铜鎏金的"金钉"，故宫宫门即用此进行装饰。此设计将中国传统建筑中的朱门金钉、铺首衔环造型进行提炼与再设计，以时尚手机壳的形式呈现出来。其中铺首所衔之环能够灵活转动，可作为手机防滑指套和支架使用。其间凝聚了中国传统文化，还具有实用功能。此文创产品将中国传统建筑之美以文化创意产品的形态表现出来，让中国传统文化借助文创设计之力，在当代展现其内涵。

在贵州丹寨的大部分蜡染机构和相关从业者，仍是沿袭着传统进行制作和销售，而面向的大部分受众其实并不在贵州省省内，是一些外省市地区，特别是北上广等一线城市，以及国外。客户的订单主要分为两类，一类是来样定制的，另一类是客户提供主题，由机构进行创作的。宁远的淘宝店"远远的阳光房"属于来样订制，如甲方提供一个长袍的样式，由乙方进行绘制和染色，成品再由甲方进行销售。而笔者所见的另一幅蜡染方形头巾，是来自哈雷摩托的一笔订单，这一笔订单包括五百条头巾，图案由宁航蜡染按传统绘制，客户的要求是带有哈雷摩托的商标。对于这些并非苗族传统的图案，全都是由客户来样定做。因为苗族蜡染所表现的就是苗族的文化，记载的就是苗族的历史，让画娘们去画别的东西，就脱离了本土文化，画娘们也不会自发地去画那些非传统的卡通图案。她们从小就生活在传统的文化环境里，蜡染的技艺传承都是源自母亲及家中的其他女性长者，图案都熟记于心，几乎不用打稿子。但对于图案的含义，只有一部分画娘能说出一二。

对于一些来样定制的产品或是客户描述了大致形态和主题再由画娘自由发

挥的产品，在给客户供货的同时，店内也会同步销售，目前还未曾因为著作权而产生过纠纷。一些设计师和艺术家也会在丹寨驻扎一段时间，免费为宁杭蜡染设计一些新款的产品和图案，宁曼丽也会为这些人士提供免费的食宿，即她所描述的一种"众筹"概念。

传统景泰蓝制作技艺被列入第一批国家级非物质文化遗产名录，过去北京珐琅厂所制作的景泰蓝大多是传统的大型器皿，在精巧程度上有所欠缺，孔氏珐琅和熊氏珐琅都是基于传统手工艺进行深入研发的典型案例。熊氏珐琅几代传人的技艺脱胎于清代宫廷造办处珐琅作琅工艺手表，其最初的高端产品是以掐丝珐琅工艺进行表盘加工，超于传统的探索也是跟随着市场潮流的变化而进行的。孔氏珐琅是一家自主独立的钟表品牌，品牌建设成熟，擅于制作铜胎掐丝珐琅器，主要经营领域为珐琅钟表设计与生产，有自主研发的机芯，具备全面的设计能力，可以生产（金、银、铜、陶瓷胎）掐丝、内填、微绘三大珐琅工艺钟表。

三、归纳典型，提炼传统图案与造型

这种方法是目前文创产品设计师使用最多的。这一类的文创产品在市面上也是最为多见的。设计师通常从一些具有视觉冲击力的传统手工艺品中提取富有内涵的经典图案，将其印在包、本、明信片、冰箱贴、挂历等各种产品之上。如将苗绣、蜡染、京剧脸谱、年画之中的图形以丝网印刷或热转印等方式印制在服装等载体上。

出于批量生产和保证质量的考虑，在多数情况下，生产者和设计师并不使用传统的技艺方法，而是对其进行修饰或重新绘制，直接将传统图形图案以新方法进行造型或直接将图案印制在产品之上，常见的是通过拍摄或扫描获取图像，再使用 Photoshop 或 Illustrator 等绘图软件重新修正和制图。

但在大多数情况下，以这种方法制出的文创产品对于非物质文化遗产的传承人并没有直接的帮助，因为制作所产生的利润很难直接返回到传承人手中。在这个过程中，设计师并不一定需要借助传承人的技艺，不会产生工时与相应的费用。由于相关的著作权、版权法律尚不够完善，大部分厂商或设计师并没有向作者（手艺人或传承人）支付相关的版权费用。

在版权方面较为规范的案例是自然造物为库淑兰剪纸设计开发的文创产品。库淑兰被联合国教科文组织授予"民间剪纸大师"称号，擅用彩色拼贴剪纸，艺术风格突出，图 5-13 所示的是库淑兰反复多次创作的经典形象"剪花娘娘"。

自然造物以数万元向库淑兰的家人购买剪纸版权，进行一系列的文创产品设计，设计师们使用 Illustrator 软件对库淑兰的剪纸作品进行矢量化处理，产品如图 5-14 所示，包括填色台历、挂历、笔记本、利是封等，工艺精美，版权费用在计入成本之后仍有盈利。究其原因，因其不是直接的手工艺品而是基于民间美术的大批量生产的文创产品。

图 5-13　库淑兰剪纸：剪花娘娘　　图 5-14　以库淑兰剪纸为源进行设计的文创产品

四、保留部分工艺，改变材料与造型

一些非遗文创产品直接源自非遗项目，所承担的不仅有宣传中国非物质文化遗产、打开旅游商品市场、拓宽文化创意产业的任务，更重要的是"依靠产业来养活传统工艺"的造血功能。唐人坊批量生产的"唐娃娃"人偶就脱胎于"北京绢人"。其继承了"北京绢人"中的一些传统工艺，如人偶的梳头方法、头饰的掐丝编制等。同时，唐人坊也借鉴了日本人形美术中的一些造型、工艺、材料，将其融会于"唐娃娃"之中。所谓"礼失求诸野"，日本对于传统文化和工艺的保护和传承值得学习，此时在日本寻回当初遗落的传统，也是一种深入的自省。为节约物料与工时的成本，唐人坊在部分人偶的服装上不再使用刺绣与手绘，取而代之的是热转印和丝网印技术；且以特殊石膏塑脸，手工绘制面庞；以树脂或塑料制手，其上不贴绢。尽管改变了技术和材料，但绢人的特征与韵味还是基本被保留了下来。唐人坊在 2013 年进行了积极变革，开拓市场，加强研发，参加文博会、旅商会、艺博会等各大展会；并受日本 BJD 娃娃的启发，开始设计"Q 版唐娃娃"，如图 5-15 所示。其脸庞如动漫人物一样圆润，眼睛被夸张放大，鼻子和嘴都很小巧。较之传统的真人比例人偶，"Q 版唐娃娃"体积小、易携带，更适合作为旅游商品推出，但其工序却丝毫不少。相比于真人比例的人偶，"Q 版唐娃娃"更受欢迎。

图 5-15 "唐人坊"的唐娃娃人偶

此外还需提及的另一个非遗文创案例是关于"凑合"品牌的拼布系列产品。拼布艺术在国内外诸多地区都有所见，此处所呈现的案例源自河北蔚县。从 2014 年开始，《蜗牛》民艺杂志团队在河北蔚县开展地方性考察，对当地常见的拼布垫产生兴趣并开始进行田野调查，团队对于蔚县的十一个镇、十一个乡进行了拼布垫的考察、记录与收集，前后搜集到近百件不同样式的拼布垫。这是一种在华北平原广泛流行的物件，在山西、山东、河北等地都有所见，于河北蔚县较为集中。从二十世纪九十年代末开始，河北蔚县大部分妇女都会做。根据拼布垫的大小不同，做一个大约需要耗时一天，但其材料成本低廉，主要来自边角布料及破旧的衣服。勤简持家的妇女平日会收集这些布料，按颜色和花纹进行分类，并将其裁成大小接近的形状并折成三角形，由内至外、逐圈逐层进行手工钉缝。《蜗牛》民艺杂志团队的初衷本是考察记录，在对拼布垫的作者进行访谈之后，对拼布文化深入认识和梳理，也开始探索这种乡土文化在当代的新发展思路。《蜗牛》的创始人和主编邓超从 2013 年至 2016 年在河北蔚县对拼布垫进行产业化生产的尝试，同时也做了再设计，对其使用功能和使用空间进行新的拓展。"凑合"品牌之名，便是取其"拼而凑，凑而合"之意。

这种拼布垫在蔚县人民的生活中非常多见，通常被放置在炕上、沙发上、椅凳上作为坐具使用。蔚县属于河北张家口下辖县，冬天十分寒冷，在蔚县民居的土坯房屋中，都会以土坯砖垒造火炕，未生火之前炕上较凉，生火之后又会过烫，具有一定厚度的褥垫、拼布垫就派上了用场，也有以拼布图形制作门帘的。时至今日，使用传统火炕进行取暖的家庭逐渐减少，而摆放在沙发上的拼布垫的装饰功能大于实用功能，并不属于刚性需求；随着当地经济水平的逐渐好转，很多人不再留存衣物的边角布料，也无暇制作这种耗时耗力的拼布垫。目前在蔚县住户家中所能找到的，大多是以前制作的，但所幸时隔不长，拥有这种拼布手艺的妇女在蔚县还很多见。而将这种充满乡土气息的民间手工艺品推入城市的语境和现代生活，则需要转换思路和设计师的介入。一些传统的拼布垫呈二方连续的纹样排列，也有一部分呈中心对称、扩散放射状，这些极具装饰性的特征被蜗牛团队保持下来，并基于此进行转化。

《蜗牛》团队对于"凑合"拼布垫的产业化发展大致可划分为两个阶段，沿袭传统的来料加工生产和基于传统拼布垫的再设计。在第一个阶段，《蜗牛》找到了九位会制作这种拼布垫的妇女，提前为他们统一采购好24种颜色的棉麻布料，并和她们达成约定，包括计件的报酬和要求：创作可以自由发挥，所制成的拼布图案与色彩尽量不重复。图案可以是传统的，也可以是创新的，形状可以是圆形或方形。大家在制作拼布垫时，最初参照的是传统的老样子，而后渐渐熟能生巧，产生了各种各样的新图案。《蜗牛》的设计师为拼布垫专门设计了精致的外包装盒，其中包含一个在四角切出弧线的厚卡纸，可将拼布垫嵌入其中，同时卡纸上方留有圆孔，用户可将外包装盒装框或直接挂起，作为软装饰垂直悬挂在墙壁上；也可以将其取出当作日常用品，放置于坐具之上。

在第二个阶段，《蜗牛》团队以文创产品设计的思路对拼布垫进行创造性的"再设计"。先由设计师拟定产品、绘出图纸，后与当地会做拼布垫的妇女尝试合作。不少人囿于传统的造型，没有见过新图形，认为新产品的制作复杂而麻烦，经过设计师与手艺人的多次磨合与沟通，终于达成合作。在此期间，设计师也掌握了拼布垫的基本技艺，在这种基础上进行设计，大大提高了沟通效率，也促进了新产品的推出，如葫芦垫是缩小了的拼布垫，增加了"葫芦头"和挂绳，猫头鹰布玩具则是融合了三种技法：贴布、叠压、冒尖，将三者融会贯通，终而形成。《蜗牛》是一个沟通民间艺术和时尚都市的渠道，又担任了本书中所提到的"经纪人"角色，不断引导设计师介入民间手工艺与非遗传承，更为其补足了民间手工艺人所缺乏的力量，如品牌策划、受众定位、创意设计、宣传推广和营销渠道。这也正是非遗在与当代社会接轨时，求生存求发展、保证其"造血机能"的一剂良药。

五、沿用传统题材，进行周边衍生设计

这一类的范围最为广泛，不再局限于传统美术和传统技艺的范畴，一些传统戏剧戏曲、音乐、民俗、体育竞技、民间文学都可以成为文创设计的源泉。

如杨慧子以剪纸为源设计的文创产品"七巧花胜"剪纸拼图垫即将非物质文化遗产与当代文创产品相结合的尝试。作品将中国传统智力游戏七巧板、正

月初七的"人日"习俗融入剪纸,使之兼有玩具和隔热垫的功能。材质为经激光切割的厚毛毡及成型的硅胶。可任意组合成各种图形,并在其上放置杯碗。自汉代始,正月初七"人日"便成为重要的传统节日,有在发上佩戴和于房间张贴"人胜"的习俗。此设计将以上七种图形化于"以盈补虚"的七巧板中,以剪纸的形式呈现出来,既有实用功能,也兼具文化传播与美育功能。

图 5-16、图 5-17 所示的两幅剪纸,出自杨慧子根据中国传统文化中的阴阳关系而制作的系列作品《阴阳对偶》。作品将中国民间剪纸中常见的"鹰捉兔""鱼戏莲""老鼠啃南瓜""狮子滚绣球"等常用于婚俗之中的对偶图形,以太极之中的阴阳鱼造型呈现出来,其中象征男性和至阳的部分使用红色宣纸剪制,而象征女性和至阴的部分则使用黑色宣纸,将阴阳两部分剪成之后,再进行拼接。这一系列的作品成形后,又进一步对其材质进行变化,毛毡较之宣纸更为结实耐用,可用于日常生活与装饰。如"阴阳对偶之剪纸壁挂、隔热垫之鹰捉兔",可以联结后悬挂,亦可拆解开作为杯垫,此类作品既是对传统剪纸的回归和创新,也是基于非遗的文创产品设计。

图 5-16 剪纸"阴阳对偶之鹰捉兔"　图 5-17 剪纸"阴阳对偶之鱼戏莲"

2001 年,昆曲被联合国教科文组织列为"人类口头和非物质文化遗产代表作",是中国第一个进入世界级非遗名录的项目。有设计者以昆曲为题进行周边衍生,设计了相关的文创产品:"文·身"系列之《牡丹亭》昆曲工尺谱文身贴纸。作品源于昆曲大师俞振飞先生编订整理所成的昆曲工尺谱《粟庐曲谱》,选取昆曲《牡丹亭》中《游园》《惊梦》《寻梦》《拾画》四折的经典唱词,如"良辰美景奈何天""姹紫嫣红开遍""花花草草由人恋",在唱词旁附有套红的工尺谱(工尺谱是明、清以来在民间普遍使用的一种记谱工具,它的前身是宋代的俗字谱),为"直行斜写(蓑衣谱式)",亦有古朴优美的视觉效果。"文身"是一种具有文化背景的现象,表现为以图形和文字来装饰身体。

文创产品"文·身"中的"文"字除了装饰之意,亦有文字之意。以《牡丹亭》工尺谱为题材制成文身贴纸,在宣传非物质文化遗产的同时,也在其中注入青春和时尚的气息,可吸引年轻人群关注昆曲等传统文化,适用于一些和昆曲、传统文化相关的活动及演出现场使用。

六、提供材料包,引导手工体验

引导受众亲身进行手工制作是一种深度的体验途径,随着电子商务的普及,一些无法身临其境的受众也可以通过各种途径收到材料包,对手工艺类的非遗项目进行参与体验。针对非遗项目,进行材料包的设计开发无疑是一种更加简单快捷、传播面更广的方法,传承人需要在确定产品后,计算好所需材料的内容与数量,配成相应的材料包。在这个过程中,成熟设计师的参与对于强化材料包的视觉效果、提高实际销售量有着较大作用。材料包中除了手工体验所需要用到的材料之外,制作教程也是必不可少的,对于一些制作步骤相对简单的产品,直接在材料包中提供说明书即可;而对于一些相对复杂的手工制品,有时需要给用户提供制作的电子教程或视频演示,相应的做法是在材料包中提供可以扫描的二维码,用户可以通过扫描二维码,获得详细的视频教程,在观看后达到手工体验的目的。

以"竹芸工房"原创设计品牌为例,其产品基于历史悠久的乌镇陈庄竹编,品牌理念为"竹编传播家",其设计出多种竹制成品和手工材料包,使竹编以一种时下流行的手工"DIY"(即 Do It Yourself,自己亲手制作)方式呈现。"竹芸工房"的体验材料包中包含纸质版教程和网络课程,用以传授竹编技艺,材料包中附带的二维码可以让手工爱好者通过微信订阅号直接阅读教程和相关的原创图文;除此之外,该机构也开设线下的竹编课程,对中国传统手工艺、竹编文化的巧思与文化进行传承和普及,从而延续中国竹编历史和文化及制作技艺的传承。对于城市生活人群而言,传统竹编工艺中选竹材、破竹篾的环节较难实现,该机构在进行材料包的设计时考虑到了这一点,直接提供了已经由竹匠破好的竹篾、竹丝,还配备了竹圈、木工胶、砂纸等,这些原材料有着统一的尺寸,精致平整,适用于手工艺爱好者进行体验。

台湾的"三和瓦窑"在进行常规产品开发的同时,也推出各种规格的材料包,如"熏香组"材料包,材料包中提供了等比例缩小的砖块和建筑构件,如1/6 和 1/12 的砖块、山墙、花格墙、红瓦屋顶、白胶、砖石专用的泥浆调制原料,同时配有图文并茂的制作说明书。人们可通过自己动手,由砌造过程来了解传统砖石建筑的结构,成品如图 5-18 所示。三和瓦窑为台湾南部为数不多的传统瓦窑工厂,使用的仍是最古老的烧窑方式,目前窑厂所生产的成品大部分用于古迹修复。

图 5-18　台湾的"三和瓦窑""熏香组"成品

"兔儿爷"是老北京城的传统节令玩具,呈兔首人身,有骑象、骑虎、骑麒麟、骑马、端坐莲花、坐葫芦以及腾云驾雾的造型,常作中国传统戏曲人物打扮,衣着装饰华丽,蕴含着平安吉祥祝福之意。"兔儿爷"以泥胎制成,翻模后于表面施以彩绘。早在明朝,北京人就有每逢中秋到东岳庙的兔儿爷山"请兔儿爷回家"的习俗,此外还会给亲朋好友送"兔儿爷"。"吉兔坊"是北京一家较具规模的"兔儿爷"工作室,每年"吉兔坊"都要为北京的东岳庙制作千余尊"兔儿爷"。同时,以产业化模式对"兔儿爷"进行生产,"北京礼物"一类的民俗礼品店及各种机构多以此作为商务礼品和旅游纪念品进行采购。工作室的负责人胡鹏飞采用模具进行"兔儿爷"素坯的批量生产,其中一部分就用于配置材料包,吉兔坊完成最初的造型设计、翻模、修整,而后将平整的素坯与丙烯颜料、毛笔等工具材料放在材料包中,同时辅以详细说明。

第六章　体验经济背景下博物馆文化创意产品设计

第一节　博物馆文化创意产品的基本理论

一、博物馆文化创意产品的相关概念

（一）文化产品与博物馆文化产品

"文化产品"有各种定义，学界较为认可的是联合国教科文组织的说法："个体和集体创造性劳动的成果均可视为文化产品，一般由文化产业相关活动提供，可细分为文化商品和文化服务。文化商品指的是用于表现特定生活理念和生活方式的消费品，具有传递文化信息或提供消遣娱乐的作用，能够通过工业大量生产并广泛传播，有助于族群建立集体认同感，进而影响文化实践。文化服务则是指由政府、公立机构、公司或个人提供的用以满足大众文化需求或者获取自身文化利益的活动，如博物馆和图书馆提供的服务及艺术表演等非物质形态的文化活动。"李东华认为："文化产品是由文化产业相关部门或者个人创作的含有较高文化性和艺术性的，能够满足大众精神和娱乐需求，反映社会意识形态的文化载体和服务。"

从"文化产品"的定义来看"博物馆文化产品"，亦可分为文化商品和文化服务两个方面。从广义上讲，博物馆作为主要的公共文化服务机构，其对外提供的所有有形产品和无形服务，包括展览、教育活动、审美体验和衍生商品等均可视为"博物馆文化产品"。从狭义上讲，博物馆文化产品主要包括展览和商品两类：博物馆组织的一项常规展览或者特展即一个整体性的文化产品，博物馆开发和售卖的旨在传达展品信息的商品也是一类文化产品。后者即本书

的研究对象"博物馆文化创意产品"。因此,"博物馆文化创意产品"和"博物馆文化产品""文化产品"的关系如图 6-1 所示。

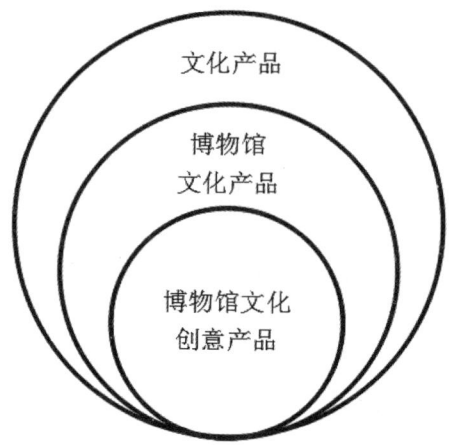

图 6-1 "文化产品""博物馆文化产品"与"博物馆文化创意产品"关系图

(二)创意产品与博物馆创意产品

"创意产品"与"文化产品"既有联系又有区别。概言之,文化产品侧重于文化艺术价值,创意产品虽内含文化性,但更强调创造力与科技创新的元素。索斯比界定"创意产品"为在生产过程中涉及创意的产品,传达某种象征意义,体现了某种形式的知识产权的产品和服务。凯夫斯定义创意产品为体现文化性、艺术性和娱乐性的各类产品及服务。霍金斯定义"创意产品"为来源于创意且有经济价值的产品和服务。国内学者也对创意产品做出了界定,如认为出自个人的创意思维和才能,经由知识产权开发和生产的兼具象征性、文化性和社会价值的产品及服务即"创意产品"。从是否具有物质载体来看,创意产品可以分为无形的成果和有形的物质成果两个层面。从"创意产品"的定义来看,创意产品包括侧重于文化艺术创意和侧重于科技创新元素的两类产品。博物馆创意产品一般都具有较强的文化性,因此"博物馆文化创意产品"的称谓更为恰当。基于博物馆资源开发的产品在研发设计过程中涉及较多创意思维的运用和创意元素的融入,称之为"博物馆创意产品"亦未为不可,且此含义可以囊括艺术类博物馆、自然科学类博物馆、行业博物馆等所有博物馆开发的衍生产品,定义的外延实现了最大化。但考虑到博物馆建筑设计和展览设计等无形创意设计也可归类为"博物馆创意产品",范围过于宽泛,为研究对象的聚焦,本书仍倾向于采用"博物馆文化创意产品"的定义。

（三）艺术衍生品与其他

"艺术衍生品"是指以艺术家的艺术作品或具有艺术价值的历史遗产作为原型，继承了原作的特色艺术元素与符号，采用创意设计的手法将符号价值寓于新的载体之中，设计、生产的兼具美感与实用性的特殊艺术产品。就销售渠道而言，除博物馆商店出售部分艺术衍生品外，大多数艺术衍生品可以在画廊和艺术超市交易，网上艺术品电商也成了新兴的重要交易平台。艺术衍生品的概念包含但又不限于艺术博物馆和综合性博物馆开发的基于藏品资源设计的文化创意产品。从设计原型必须具有较强艺术价值的角度出发，自然科技类、行业类博物馆开发的文化创意产品并不能简单地归为艺术衍生品。两者关系如图6-2 所示。

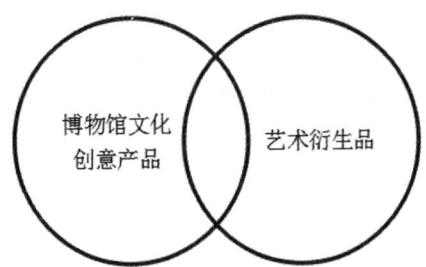

图 6-2　"博物馆文化创意产品"与"艺术衍生品"关系图

博物馆文化创意产品的"别名"还有"博物馆商品"和"旅游纪念品"等。其中，"博物馆商品"来源于西方博物馆零售业的语境，特指在博物馆商店中出售的产品。"商品"的指称更加强调此类物品的商业交易性质，但未能涵盖其蕴含的文化创意要素。因此，虽然"博物馆商品"的概念范畴和"博物馆文化创意产品"基本重合，但在具体使用时，采用"博物馆文化创意产品"的说法更加能够凸显其有别于一般商品的文化创意特性。"旅游纪念品"统称旅游市场上出售的具有纪念性质的商品。随着博物馆和旅游行业的深度融合，博物馆文化创意产品也可视为旅游纪念品的一种形式。但以"旅游纪念品"指代博物馆文化创意产品，含义过于宽泛粗放，无法彰显此类产品的文化价值和创意内涵。

二、博物馆文化创意产品的内涵与外延

通过对各种不同称谓的梳理与比较，发现"博物馆文化创意产品"这一概念最能准确、有效地概括本章研究对象的主要特征。"博物馆文化创意产品"（简称"博物馆文创产品"），可以具体定义为"在博物馆实体商店或者电商

平台销售的,创新性提取、运用馆藏文物的文化艺术元素设计、制作的融观赏性、纪念性、实用性为一体的特殊商品"。该定义包含以下三方面的内涵。

其一,限定了产品的设计、销售和服务主体。首先,博物馆文创产品必须基于博物馆馆藏资源开发,其研发设计原型是博物馆的展品或者藏品。任何未进入博物馆收藏的艺术作品,无论具有多大的价值,以此为原型开发的产品只能归类为"艺术衍生品",不属于博物馆文创产品。其次,该类产品只能在与博物馆有关的渠道上销售,如博物馆内设商店及其馆外分店、博物馆官方网站或者授权经营的交易平台等。最后,博物馆文创产品的研发主体和服务对象主要是博物馆,它存在的意义是为了延伸博物馆展览的教育传播功能,并为博物馆创造经营性收入。

其二,突出了产品的文化和创意特质。博物馆文创产品同时具有文化产品和创意产品的特点,既有较强的文化性、艺术性、观赏性,又融合了创意思维和创新技术的运用。不同于纯粹的科技类创意产品,博物馆文创产品的研发原型为历史文化遗存,通过对原型文化艺术元素的提取和挪用进行设计,使产品体现出相当的文化价值。但博物馆文创产品不是对馆藏文物的简单复刻,而是研发人员巧妙创新设计方法与技术,结合人体工程学和心理学研究成果,融入对时尚趣味的理解打造的具有较高使用价值的物品,实现了审美性和实用性的统一,其质量和价位都应高于具有同等功能的普通商品。

其三,规定了产品的类型和经济属性。不管是文化产品还是创意产品,都包括有形和无形两类。博物馆文创产品亦是如此。虽然在目前人们的认识中,博物馆文创仍以具有物质载体的有形产品为主,但无形的数字化文创产品越来越受到博物馆的重视,其在宣传博物馆展览方面的影响力和传播力也日益扩大,并逐渐形成了一定的营销推广模式。产品的经济属性内含于博物馆文创产品的定义之中。博物馆文创产品是博物馆发展文化创意产业的直接产物,与一般文化产业生产文化产品一样,博物馆研发生产文创产品的主要目的是创造经济收入,拓宽资金来源渠道。

三、博物馆文化创意产品的分类和特点

相比于国外博物馆商店销售的丰富多样的产品,品种单一和同质化现象严重是国内博物馆开发文化创意产品的一个突出问题。随着互联网时代的到来,深度融合数字化技术开发的新型文创产品也不断出现。因此,有必要从文化产品、创意产品的分类切入对博物馆文创产品类型的探讨。

关于"文化产品"的分类，和对其定义的界定一样，有着多种说法。联合国教科文组织在 2005 年将文化产品区分为核心文化产品和相关文化产品。前者更多是传统文化产业的产品，文化含量较高，且多具有物质载体，主要包括文化遗产、书籍、媒体、视觉艺术等；后者更多涉及文化服务和支撑"核心文化产品"生产的活动、设备及支持要素，如软件、广告、建筑等。亦有学者将文化产品分为私人性、纯公共性和准公共性三类，其中，公共广播与电视、公共文化服务机构提供的免费展览等属于纯公共性文化产品，而大多数需要购买消费的产品属于准公共性文化产品。从物理形式来看，文化产品可以分为有形和无形两类。更多学者倾向于将文化产品分为文化商品和文化服务。如胡惠林认为，从一般的经济学定义出发，所谓文化商品即可供交换的文化产品，以实物形式满足人们的文化消费需求；文化服务则是以提供劳动的形式满足人们的文化消费需求。陈庆德也指出，从产品供给来看，文化产品可分为生产性和服务性产品两个类型，前者是为陶冶教育、欣赏收藏和娱乐消遣提供的物化产品；后者是不为人们所实际占有的精神性文化产品，如文艺演出、展览和旅游休闲等。

创意产品的分类和文化产品有所不同。从用途角度看，可以分为生产性创意产品和消费性创意产品。生产性创意产品是无形的创意思维和技术投入，用以提升产品的附加值，如工业设计、软件开发、广告策划等；消费性创意产品用于满足消费者心理、精神、情感层面的需求，主要由个人或者家庭购买。从表现形式来区分，创意产品可以分为内容性和设计性两类。内容性创意产品的核心是品牌和知识产权，设计性创意产品是在设计过程中创造性融入文化元素，提高产品附加值。对于艺术衍生品，按照加工和创意结合的程度，有学者将其分为"简单复制品""高端复制品"和"解读文化内涵后再创造的创意产品"三类。

博物馆文创产品兼具文化产品和创意产品的特征，是文化产品中创意含量较高、创意产品中文化性较强的一类产品。由于文创产品一经购买即为家庭或者个人所拥有，因此属于私人性文化产品，有别于表演、影视等公共性文化产品；文创产品是用于市场交换，从而创造经济收入的文化商品，也是生产性文化产品，多数以物化的形式满足人们的精神消费需求。在创意产品的分类范畴中，文创产品属于典型的消费性创意产品，尽管在研发设计过程中也融入了生产性的创意思维和技术；文创产品的设计原型是拥有品牌与知识产权的内容性创意产品，但文创产品本身却是有较高文化附加值的设计性创意产品。从艺术衍生品的分类视角来看，博物馆文创产品大多数都属于"解读文化内涵后再创造的创意产品",仅有少量是简单复制品或者高端复制品。博物馆文化创意产品的特点属性,如图6-3所示。

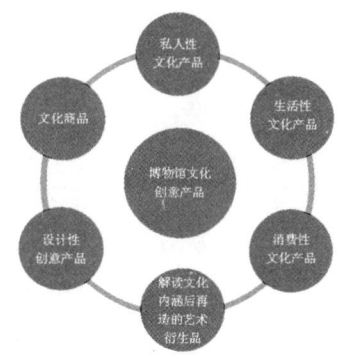

图6-3 博物馆文化创意产品的特点属性

博物馆文创产品的具体分类,从涵盖范围来看,可以分为狭义上的文创产品和广义上的文创产品。在博物馆商店和电商渠道上出售的有形文创产品即狭义上的博物馆文创产品,既包括直观表现博物馆藏品和展览面貌的画册、出版物、文物复制品等,又包括提取展品文化元素设计的兼具实用价值和流行趣味的各种生活用品。如美国大都会艺术博物馆网络商店销售出版物、印刷品、雕像模型、首饰手表、服饰配件、家居用品、文具用品、儿童玩具八大类共计一千余种文创产品;台北"故宫博物院"网络商城出售的两千多种文创产品,涵盖了图书影音、畅销礼品、书法绘画、典藏精品、生活风格、设计文具、饰品配件、流行趣味八个类型。即使是销售品种相对单一的上海博物馆网上商店,也拥有复刻文物仿制品、出版物、生活用品、文具等多种商品。

值得注意的是,博物馆发展文化创意产业的形式日趋多样化,围绕博物馆文化资源和文物IP开发了各种广义"文化创意产品",包括文博影视综艺节目、博物馆应用类程序、博物馆数字体验项目、博物馆动漫游戏、博物馆游艺教育活动、博物馆时尚展览、博物馆主题餐厅、博物馆综合休闲设施等。广义上的博物馆文化创意产品虽然目前在数量、开发程度和产业规模上还不如博物馆实体文化创意产品,但随着互联网技术的快速发展以及博物馆和其他行业的深度融合,将在未来成为重要的发展方向。

四、博物馆文化创意产品的基本开发模式

从国际上来看,博物馆开发文化创意产品的基本模式可以分为独立研发、代销、合作研发、市场采购、艺术授权五种类型。

(一)独立研发模式

独立研发模式指博物馆自负盈亏,独立设计产品、推动产品研发,并承担所有的研发费用和营销风险。博物馆自行研发的产品通常与博物馆的宗旨和藏品紧密联系,这些产品区别了博物馆文化创意产品交易平台与博物馆之外的书籍、礼品店的分野。由馆内自行研发的产品若能充分结合目标消费者的需求,将达到专业零售的最大利益。参观人群购买的意愿越强烈,行为越频繁,文化创意产品交易平台的收益增长越快,对博物馆整体发展的回馈也越充分。因此,博物馆自行研发产品,应成为所有产品开发的重要部分。许多专家相信,独立研发产品将是博物馆的优势所在。

(二)博物馆代销模式

博物馆代销是指由博物馆之外的企业或厂商等提出开发文化创意产品的方案,提交博物馆审核。博物馆审核通过的方案,则由厂商自行出资投入生产。博物馆与厂商签订合同,产品可在博物馆的营销渠道出售。相对于独立研发模式,这种代销的方式可以为博物馆节省开支,规避部分营销风险。

(三)合作研发模式

合作研发是指由博物馆发出创意招标,中标的设计企业或设计师负责研发和生产,最后的成品在博物馆的渠道销售,收入在博物馆和企业之间进行分成的模式。博物馆无论规模大小,均可采用合作研发模式。在产品设计之初,企业就与博物馆密切合作,就博物馆想要研发的产品进行充分的沟通,确定并落实方案,由企业投资研发制造,博物馆提供营销渠道。这种方式与前述代销方式相似,不同之处在于,博物馆参与程度更高;同时,博物馆需要支付的费用和产品销售风险可得到更大程度的降低。在这种模式下,博物馆通常需要支付研发费用,如铸模、打版制作和艺术品塑造费。如博物馆自己拥有铸模工具,则在研发费用上可取得适当的杠杆平衡作用。也即,当原始供给博物馆产品的厂商改变时,博物馆由于拥有模具的所有权,能够立即着手委托其他厂商另行制造产品,而不会因更换厂商而重复支出研发费用。通常这一类的产品,博物馆会要求专卖权,也即,消费者无法从其他博物馆购得产品,因此更具特色和纪念性。有些博物馆专卖的产品已经成为博物馆特定品牌的重要营销工具。

(四)公开市场采购模式

从公开市场(如贸易展、手工艺博览会等)采购产品也是博物馆文化创意产品的来源之一。博物馆根据其需要达成的教育和传播目标,选购市场上已有的文化产品。这种方式多用于短期特展纪念商品的采购，有利于把握时效、节省成本。并且，通过此渠道，博物馆可以广泛且仔细地搜寻与博物馆教育目标相符的商品，并进而与厂商接洽。此外，对于参与贸易展或手工艺博览会的博物馆而言，可以借此全面了解博物馆文创市场的概貌、流行趋势以及产品的相对售价等，并获取博物馆开发文化创意产品的灵感，或与更多有潜力的主要制造商建立联系。

（五）博物馆艺术授权模式

博物馆的艺术授权指博物馆将受到法律保护的藏品图像数据、设计、文物资源或博物馆商标等授权给厂商，用于开发文创产品，而厂商必须支付博物馆产品的版税或权利金。对博物馆而言，艺术授权的方式可以使其免于商品研发的财务负担，同时，博物馆也必须扮演管理者的角色，监督厂商并确保所生产的产品能够兼具质量与实用性。通过授权的行为，附有博物馆标志的众多商品得以散布至全世界各角落，更能远及那些不会或不曾到过博物馆的潜在人群，除了为博物馆开拓更多财务来源之外，借由商品的流通，也充分发挥了博物馆的广告宣传效益。

对营运能力强的大型博物馆而言，灵活采用这五种文化创意产品开发模式，可以应对不同的状况。公开市场采购模式更适用于特展和合作办展；当博物馆缺少经费与人力，但又需开发文化创意产品时，多采用第二种或第三种模式；当博物馆外企业对博物馆藏品的商业运用表示高度兴趣时，则采用艺术授权模式。而就产品开发活动的形式来看，从第一种至第四种方式，博物馆皆是为了供应博物馆商店而为之，唯有第五种艺术授权方式是厂商主动、博物馆采取配合的情形。

从博物馆文化创意产品的开发模式与营运状况来看，绝大部分博物馆开发文化创意产品的初衷是增加博物馆的收入。因此从产品的目标市场定位、开发预算经费、产品规划到产品的销售渠道等，均易于局限在博物馆的框架之内。然而，在文化创意产业在全球蓬勃发展的当今时代，博物馆拥有文化创意产业的核心创意资源，这也是工业设计领域与文化产业界取之不尽的创意和灵感来源。博物馆虽自身资源不足，但如能凭借拥有的"文化资本"与工业设计界和文化产业界密切合作，则博物馆文化创意产业能够触及和影响的范围，将大大突破博物馆传统的框架限制，扩大至整个社会层面。而博物馆希望对外传播的文化特色和意欲实现的教育目标，将因之更容易达成。

因此，在上述五种博物馆文化创意产品开发模式中，第五种艺术授权模式应可跃升成为合作主流。目前，多数博物馆对于授权方式仍采取被动态度，等待着馆外厂商找上博物馆。博物馆应更积极主动地寻求授权合作，博物馆最了解自身的藏品与特色，若能主动出击，应会取得更好的合作成果，同时，博物馆应制定与授权方式相关的配套措施与行政体制方案，以之为应对之道。

第二节 博物馆文化创意产品的设计原则

目前我国国内博物馆文化创意产品在研发设计层面主要存在以下九个问题：一是质量粗糙，使用感受较差；二是缺乏文化深度，与博物馆宗旨结合程度不高；三是外形平庸，缺少吸引人的美感设计；四是简单挪用古代文物元素，无法很好地融入现代生活；五是艺术呈现过于诉诸理性而忽略情感设计；六是面貌偏于严肃教化，趣味性不强；七是大量同质化设计，特色不明显；八是产品类型分散，缺少鲜明的博物馆品牌标识；九是产品开发难以涵盖所有背景和年龄结构的人群。国际上文化创意产品开发起步较早的欧美博物馆，在早期开发过程中也曾出现过类似的问题，并通过深入调查市场、强化研发设计、完善产品结构等方式，逐步克服或改善了这些问题，为处于文化创意产业发展初级阶段的我国博物馆积累了足资借鉴的丰富经验。针对这九个问题，借鉴国际博物馆学界和设计界的观点与经验，特提出博物馆文化创意产品研发设计阶段需要遵循的九个原则：精品原则、深度原则、审美原则、亲民原则、情感原则、趣味原则、特色原则、系列原则、分众原则。

一、精品设计原则——提升产品使用舒适度和便利性

品质良莠不齐一直是我国博物馆文化创意产品的主要问题之一。文化创意产品首先要具有普通商品的使用功能和实用价值，其次再以附加于其上的文化艺术因子彰显独特的符号价值。在当今品牌竞争激烈的消费型社会，严格把控产品质量是企业永续经营的根本之道，也是文化创意产品从许多功能相同的产品中脱颖而出，获得消费者青睐的重要因素之一。对于文化创意产品来说，品质的重要性丝毫不亚于附加其上的文化意蕴。单霁翔院长曾指出，北京故宫博物院下一步开发文化创意产品要从"数量增长"向"质量提升"转变。提升文化创意产品的质量，不仅要对产品的生产制造工艺和技术进行严格选择和控制，更重要的是，从产品前端的研发设计环节开始就必须树立"精品意识"。

所谓"精品意识"或称"精品原则"，一是必须对产品的材质选择、色彩装饰、整体造型、细节布局、生产工艺等因素精益求精，力求产品呈现最为精

致和吸引人的外观；二是充分运用人体工程学、设计心理学等理论进行产品的功能性设计，使产品具有超过或至少是不逊于同类商品的使用便利性和实用性。从20世纪设计产业发展的历史来看，大致经历了30年代的功能性设计、50年代的亲人性设计、70年代的趣味性设计、90年代的新奇性设计、21世纪的人性化体验设计五个阶段，目前已经全面迈进了注重人性化体验设计的阶段。我国的很多博物馆仍然更为注重开发文化创意产品数量和种类的多样化，精品意识有待加强。值得注意的是，贯彻精品原则并非要一味提高产品的定价，以"昂贵"来凸显品质，而是在研发设计文化创意类日常用品的过程中融入精品意识，关照到产品的每一个细节，给予消费者良好的使用体验。

如图6-4所示的"哲系列"得妙旅行茶具套装，其创意源于雍正皇帝制作的"得妙"印玺，以"金木水火土"五大中国传统元素为基础，诠释宁静淡泊的处世智慧。外观为"井栏壶"造型设计，简洁明快，古朴典雅，寓修身养性之意。茶具材质选用江苏宜兴原矿紫砂泥料，茶壶把手的圆环与右下凸点设计令持握瞬间舒适；茶漏以食品级不锈钢制成，增加立脚支撑，可以自行立于台面；茶盘采用"T"型结构和风车纹窗棂样式，收放自如，便于沥水；设计灵感源于提篮盒的皮包，内部设计巧妙，可将整套茶具收纳，方便携带出行，质感庄重典雅又低调内敛，彰显主人不俗之身份。该套茶具的选材、造型、设计细节都充分体现了文化创意产品的精品意识。

图6-4　故宫博物院"哲系列"得妙旅行茶具套装

二、深度设计原则——有效传达博物馆文化信息

博物馆文化创意产品的设计需要遵循的"深度原则"：一是指产品要具有

文化深度，而非仅注重从外观意象上来传达文化信息；二是指产品的设计需要符合博物馆的教育宗旨，有效传递博物馆文化。

2015年，北京故宫文化创意产品掀起销售热潮后，在一片赞许之声的背后，也有学者提出不同意见，认为类似于清宫戏的"卖萌类"产品过于迎合市场，有违博物馆开发文化创意产品的根本宗旨。因此，博物馆文化创意产品必须展现蕴含于文物中的深度文化内涵与魅力，塑造人文艺术情境，从而延伸过去的生活、文化与记忆，传达文化艺术专业知识。如仅将文物的纹饰、造型等简单运用于产品设计，偏重于外观的再现，则会使产品流于表面化和肤浅化，无法有效传达文物深邃的历史文化价值和内在意蕴，亦无法展现博物馆特色文化，达到辅助教育和传播的目的。

在2009年的新闻事件中，周院长曾直指商品设计不良是"设计师的责任"，然而，文化创意产品的质量把关者其实应是博物馆。在1977年，美国博物馆商店协会就声明："博物馆商品来源是卖方的唯一职责"，博物馆文化商品是博物馆的一部分。所以，商店出售的商品类别必须符合博物馆宗旨；同时，博物馆须顾及文化商品的深度教育功能，即使博物馆并非自行开发商品，而是委托外包厂商进行，博物馆仍需严格把关，确保商品能够符合博物馆的宗旨、特色与教育目标。对于博物馆文化创意产品的设计师而言，要在研发设计层面实现深度原则，对文化创意产品的定位应超越博物馆纪念品的层次，而将其视为博物馆在展览之外的另一种与观众沟通的有力工具，并善加利用其可以被携出馆外，且常伴观众左右的特性。同时，文化创意产品所传达信息的层次，除了所谓的"正确知识"之外，应以更宽广的视野来提升观众制造意义与诠释意义的能力。因此，产品的设计思考重点应从"信息的传达"转变为"经验的创造"，而"经验"来自博物馆重要的知识或信息，将信息与产品做巧妙而富有创意的联结，以吸引使用者的青睐，方是产品设计的真正挑战。文物和博物馆的信息不能只是"印在"文化创意产品的表面，而要让观众使用产品的行为具有深度文化意义，真正提升使用者对于产品的兴趣，进而衷心喜爱产品，频繁使用产品，从而真正实现博物馆文化创意产品所欲达到的教育目标。

如大英博物馆设计的木乃伊铅笔盒套装，如图6-5所示，其巧妙结合了重要馆藏文物埃及木乃伊的造型和装饰要素。木乃伊棺椁的流线造型和铅笔盒的外形契合，同样蕴含着"盛放"的功能，铅笔盒表面色彩鲜丽，锡制的方寸之地绘有精致的木乃伊整体图案，完整、明确地传达了文物信息。内含六支铅笔，表面均饰以木乃伊元素，进一步传达文化含义。铅笔盒作为随身携带、使用率极高的文具，让消费者在不断的使用中沉浸于神秘的古埃及文化情境，创造使用者的个人经验，为成功体现文化深度和传播博物馆教育理念的文化创意产品，亦是大英博物馆商店中最为畅销的产品之一。

图 6-5　大英博物馆木乃伊铅笔盒套装

三、审美设计原则——提供给消费者美感体验与艺术涵养

有学者提出，美学经济时代已经来临，将审美因素大量渗透于商品之中，给消费者提供充分的审美愉悦感，是文化创意产品的重要特点。对应于"日常生活审美化"和"审美泛化"的趋势，审美价值成为文化创意产品的重要价值。成功的产品需符合"感质"产品的特点，即具有"魅力"和"美学""精致"等美感特质。在未来的设计中，技术只是辅助工具，美学才是最终旨归。设计师对于产品设计的责任，除了提供给消费者使用便利和舒适度之外，也需要模拟消费者使用时的心境，让其得到艺术熏陶和情感浸润。

如何在产品设计中实现美感最大化，值得博物馆和设计师仔细思考和研究。大部分文物本身即具有较强的艺术审美价值，如绘画和雕塑作品等，以之作为原型设计的产品要注意保留、强化、凸显其美学特征，有效传达展品的审美价值，避免由于文物元素提取不合理或者任意切割破坏了产品的美感。而部分独具历史文化价值的文物，其外观上的审美性可能并不明显，这就要求设计者善于灵活提取、运用文化元素，结合现代美学设计风格，强化产品美学特质，同时传达文化内涵。设计者主要通过产品的色彩、质感、造型、线条、表面装饰、细节处理等传达美感，使消费者获得审美愉悦。有关学者的研究表明，单一材质的文化创意产品在美感上胜过复合材质的产品，简约设计风格的产品胜过复杂设计风格的产品，这为文化创意产品的美学设计提供了参考。

如图 6-6 所示的是台北"故宫博物院"设计的"月明风香"水晶玻璃摆饰，其着意表现明月当空、竹影扶疏之清幽景象,点缀以飞鸟,为画面带来灵动之感。作品造型源自竹节外形,通过对玻璃厚薄相间的空间层次设计,使人仿佛步入竹林欣赏月景;表面光滑的抛光处理,无论从哪个角度审视,仿佛都能见到竹间摇曳的光影,似能闻到徐徐清风送来的一缕竹香;借由镂空的月亮,意喻君子内在清明,兼有如竹般迎风挺立、气节不移的风范。整件作品仿佛浑然天成,意境悠远,审美价值极高。

图 6-6　台北"故宫博物院""月明风香"水晶玻璃摆饰

四、亲民设计原则——使产品走进大众日常生活

博物馆文化创意产品的开发要确立亲民的价值取向:一是注重开发能够融入普通消费者日常生活的"接地气"产品;二是产品的定价要适中,符合一般博物馆观众的消费能力和消费需求。发挥博物馆品牌和展品文化价值的教育传播功能是开发文化创意产品的最终目的。文创只有真正步入百姓的日常生活,成为使用频率高、性能好、口碑佳的亲民产品,才能彰显产品的文化意味和审美内涵,从而在潜移默化中起到艺术熏陶和人文浸染的功效。

长期以来,我国许多博物馆之所以观众寥寥,除了展品陈旧、不善自我推销和宣传等原因之外,更为重要的是博物馆一直以"高高在上"的严肃面目示人,给观众制造了心理距离和情感隔阂。新博物馆学运动推动博物馆确立了以人为本、以教育为核心使命的发展目标,博物馆如欲通过文化创意产品实现教育传播,正要通过"接地气"的亲民设计改变博物馆给人的刻板印象,使博物馆吸引到更多的注意力资源。

有研究表明,在博物馆开发的众多文化创意产品系列中,销量最高、受到好评和关注最多的正是价位在100元以内的生活用品。如北京故宫博物院以亲民原则重新定位文化创意产品开发后，研发了朝珠耳机、容嬷嬷针线盒和《皇帝的一天》《胤禛美人图》应用程序等一批"萌萌哒"文化创意产品，以戏说的方式将百岁故宫的"正经历史"和互联网时代的时尚趣味相结合，虽然在某种程度上亦有肤浅化和过度娱乐化之嫌，但线上线下相结合的销售方式创造了销售奇迹。以"萌化"的方式开发博物馆文化创意产品在国外也形成了潮流。大英博物馆著名的"小黄鸭"系列产品，结合埃及狮身人面像、罗马士兵等馆藏文物元素呈现"呆萌可爱"的面貌，风靡海内外。因此，博物馆开发文化创意产品需要确立和回归亲民原则。

如图6-7所示的是台北"故宫博物院"研发的"我是乾隆·天子系列"茶器，器型取自《乾隆皇帝自画像》中的乾隆形象，进行"萌化"处理，纹饰分别选自馆藏清乾隆年间瓷器。图中所示为其中的两款，"番莲红"款图案参考粉红锦地番莲碗，"团花黄"款纹饰源自磁胎洋彩转旋葫芦瓶。壶底均篆刻乾隆皇帝御用"古稀天子"印玺铭文，寓意天命恩泽、长命百岁。该套器具元素均取自乾隆时期文物，结合了茶壶和茶杯的功能，茶壶通身均匀施以彩色釉质，绘有色彩明艳的什锦花卉纹饰，整体造型光洁精致，用以品茗可享优雅人生之意趣。该套茶具以极具创意的设计、富有文化深度的蕴意，创造性地转化故宫文物符号元素，结合现代时尚流行趣味，有效传达了历史信息，获得了日本国际设计大奖。

图6-7　台北"故宫博物院"小乾隆茶器（番莲红／团花黄）

五、情感设计原则——给予消费者愉悦和感动

进入互联网时代，以人为本的设计更为重要，即所谓的"感性设计"或称"体验设计""情感设计"，而这正是创意产品的核心价值所在。与一般工业设计注重物性、理性和合理性不同，文化创意产品设计需要满足的是人性、感

性和故事性的诉求。在功能之外,我们还需要一些故事来点缀生活,创意产品背后通常都有一个动人的故事。故事性是情感化设计的一个重要元素。在与同质产品竞争时,携带"故事"的商品因诉诸人的感性思维更能给人留下深刻印象,引发消费动机。

过去常用"3C"来代称高科技信息产业,这类产品设计给消费者的感觉是比较冷酷和缺乏个性的,仅提供立即使用功能,鲜少愉悦性,消费者无法从中感受到生产者或者设计者的人性。而文化创意产品可以用"4C"来概括:文化的(Cultural)、精选的(Collective)、愉悦的(Cheerful)、创意的(Creative)。给予使用者愉悦和感动是文化创意产品的重要特征。因此,博物馆开发了一批融入文化创意元素的"3C"周边产品,一改科技产品冰冷和纯粹理性的外观,给消费者更多的情感触动。网络销售火爆的"朕知道了"纸胶带、"朕就是这样汉子"雍正御批折扇、"如朕亲临"行李牌等创意产品,其设计看似只是简单挪用御批文字,但文化标识十分鲜明,诙谐愉悦的情感设计轻易将人引入历史情境,因而受到消费者广泛的喜爱。

文化创意产品的故事来源有两种,一是利用原型文物本身的故事,二是融入文物在流传过程中发生的故事。如英国一家博物馆的一件拼图类产品,表面看只是普通的拼图,完成后却呈现三件中国瓷瓶的图案,背面注明:"这三件瓷瓶去年被一个没有系好鞋带的游客不慎打碎,但我们已经将它们全部修复好了。"这样的"事故"也给消费者耳目一新之感,使产品显得与众不同。

情感性设计中需要注意的是,对于一些文化特征标志性鲜明的产品,无须过多说明即可让消费者领会其中的"故事",而对于信息不够明显的产品,需要在包装设计或者产品本身的设计上添加有关"故事"的说明性文字,如上述拼图产品的做法,才能引起消费者的注意,并通过这类说明文字进一步阐释原型展品的文化艺术价值。运用情感设计也要考虑不同族群对文物背后故事的理解可能有歧义,应尽量选择可以跨越文化和时空差异的"通用型"故事元素。

如苏州博物馆畅销的文化创意产品"文衡山先生手植紫藤种子"设计,如图 6-8 所示,理念简洁,仅摘取文徵明当年手植的古老紫藤树之三枚种子,辅以印有"衡山"章的包装说明,进行销售,价格亲和(24 元)。该紫藤树乃文徵明为拙政园主王献臣种植,原栽种于拙政园内,雅号"文藤"。紫藤经历了沧桑历史变迁,后移栽苏州博物馆,至今仍苍翠挺拔。由于承载了文徵明这一历史文化形象元素,限量发行的紫藤种子广受欢迎。拥有大量文徵明书画馆藏的苏州博物馆,也因此传播了博物馆品牌文化,激发了消费者步入博物馆欣赏文徵明作品、感受吴门四家昔日风采的愿望。

图 6-8 文衡山先生手植紫藤种子（苏州博物馆）

六、新奇设计原则——激发眼球效应和消费欲望

有调查表明，博物馆文化创意产品的主要消费人群是热衷于网上消费，又具有一定审美能力和精神文化需求的年轻群体（25岁～35岁）。35岁以上的博物馆专家型观众和具有较高消费能力的中产阶级群体往往并不满足于普通的文化创意产品，前者倾向于购买图录等学术类出版物，后者更中意文物复制品等具有一定收藏和投资价值的高价位商品。现阶段年轻人组成的消费群体更注重个性表达和对时尚潮流的追逐，外观新颖、活泼有趣、与众不同、充满现代感的产品设计更符合他们的趣味，富有新奇感的设计更能满足他们的心理需求。

其实，文化创意产品的重要特性之一"创意"本身就意味着"新奇"。首先，"创意"的特点就是要打破传统观念和形式的束缚，追求产品新的立意、新的设计、新的技术、新的外观和新的功能。以文化创意产品的立意而言，设计师运用发散性和创造性思维，对看似不可能有联系的文物元素和现代产品进行巧妙融合，特别能给人新颖的感受。其次，新奇的外观造型和图案装饰也会给人强烈的心理冲击，充分吸引消费者的眼球。新技术、新材料的运用赋予产品新的功能和使用感受，成为"创新"价值的突出体现。大量的博物馆文化创意产品被评为"脑洞大开"的商品，即源于其给人的新奇感受。古老的文化元素和现代化设计理念相结合，产生了强烈反差，制造了时空穿越、今昔融为一体的错觉，引发思古幽情和对当下的反思，正是博物馆文化创意产品"新奇"感所要追求的最终效果。

正如年轻的消费者是对产品"新奇"设计最为感兴趣的群体，如果想要充分体现文化创意产品"新奇"的设计点，博物馆需要吸纳更多年轻的新锐设计师和设计专业学生的想法和理念，通过不定期组织文创设计大赛等形式发掘新的设计人才和设计方法。台北"故宫博物院"每年举办"国宝衍生品设计竞赛"，择取有新意的设计开发文创产品，"朕知道了"纸胶带等多款畅销产品的创意都源于竞赛作品。近年来,上海博物馆等国内多家博物馆也组织文创设计大赛,发掘了一批创新设计作品和设计人才。

如图 6-9 是大英博物馆的文化创意产品"伦敦天空变色伞",其运用了新颖的设计理念和技术,以博物馆著名大厅的顶部天花板样式为装饰花纹,融入了伦敦桥和双层观光巴士等城市地标图案。晴天时雨伞为黑白格子花纹,建筑图案隐藏不见。下雨淋湿后,伞面遇水会变为蓝白相间的格子花纹,伦敦地标也会逐渐浮现出来,给使用者十分新奇有趣的感受,成为大英博物馆最受欢迎的文化创意产品之一。

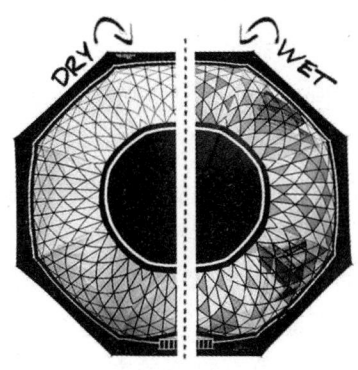

图 6-9　大英博物馆文化创意产品"伦敦天空变色伞"

七、特色设计原则——打破产品同质化困境

同质化现象严重是博物馆文化创意产品受到广泛诟病的一个主要问题。创意产品的类型、设计方式、外观面貌大同小异,无法彰显博物馆和特有藏品的独特文化,导致吸引力下降、销量不高,无法使消费者产生真正兴趣和购买欲望。

国外博物馆在开发文化创意产品的过程中早已意识到"特色原则"的重要性。纽科姆(1988)在论及博物馆商店时,强调博物馆应该开发展现自身文化特色的产品,从实务层面观之,独特性是吸引观众购买文化创意产品的主要原因。何谓展现博物馆自身文化特色的产品呢?麦克莱恩(1995)从营销层面指出,博物馆的营销应抓住其"与生俱来的特殊文化情感"。博物馆既无固定的"产品",也无一定的"顾客"类型或与之沟通的固定方式,因此,须了解自身特色,将之传达给"顾客",才能达到一定的营销质量。所谓"与生俱来的特殊文化情感",指的是博物馆基于收藏和展览形成的文化特色,以及观众在观展和体验过程中产生的特有感受,如漫步于博物馆中庭时的视觉意象、参观展览的经验感受等。综合纽科姆与麦克莱恩的论述与观点,可以发现博物馆开发文化创

意产品的核心重点应在于"充分表达博物馆的文化特色"。要达到这一目的，设计师首先须在博物馆人员的帮助下深入研究、把握博物馆的独特文化，如博物馆藏品的文化艺术价值、博物馆通过展览想要达到的教育效果，才能研发切合博物馆独特文化的产品，达到传播博物馆文化、树立博物馆品牌、发挥教育功能的作用。

"特色原则"另一层面的含义在于，博物馆应结合举办大型特展的契机适时推出配套文化创意产品，一般能取得良好的销售业绩。大英博物馆每次举办特展都会研发配套文创衍生品，并提供展后继续购买的渠道。博物馆商店网站提供了根据展览搜索商品的链接，可以搜索购买到19个以往特展衍生的文化创意产品。比如通过"被淹没的城市：埃及失落的世界"展览链接，即可浏览和购买到包括罗塞塔石碑复制品、狮身人面像小黄鸭、木乃伊铅笔盒、阿努比斯犬玩偶等在内的100多种古埃及文化元素的创意产品。上海博物馆于2017年6月底举办"大英博物馆100件文物展——世界的故事"以来，同步推出销售从《手绘世界文物史》等趣味读物到覆盖吃、穿、住、行各个方面的文化创意产品160多种，广受好评，销量火爆，开幕18天内销售收入已经超过300万元，被沪上各大媒体争相报道。

除部分自主研发设计外，大英百物展的文化创意产品分别采购自大英博物馆、大都会艺术博物馆和柏林博物馆。创意食品的制作运用了3D打印技术，完美复刻埃及神话中象征家庭温暖的猫女神芭丝特、以鸢鸟形象出现的女神伊西斯外形，配以高级原料，由西点师制成饼干、巧克力、蛋糕、咖啡等食品，受到观众尤其是亲子家庭的喜爱。由上海博物馆自主研发的"荷鲁斯之眼"文化衫，其设计和大英博物馆的"伦敦伞"有异曲同工之妙，由于使用者从室内到室外环境的变化，黑色的纹饰图案会随着太阳光线的强弱逐渐幻化出彩色。

八、系列设计原则——打造明星展品和博物馆品牌

作为特色原则的补充，围绕明星藏品研发出系列的文化创意产品也是博物馆需要特别予以注意的设计原则。推出系列性产品，一则可以突出明星藏品的元素标识，给消费者以深刻印象；二来可以树立博物馆的特色品牌。源于同一文物原型开发的具有同一元素主题的各类文化创意产品在博物馆商店里集中展示，给人以强烈的视觉冲击力和品牌识别性，其研发的程度和多样性也是对设计师功力的考验。

大英博物馆以罗塞塔石碑为原型开发了共计61种文创产品，既有书籍图录、

微缩复制品和装饰摆件等传统产品，也有首饰服装、设计文具、生活用品、3C周边等各种衍生产品，甚至还有巧克力和玩具，覆盖了衣食住行的各个方面。在产品性质上，既有纯粹的复制品这类具有装饰功能的"硬周边产品"，更多的是生活类"软周边产品"。在图案纹饰的选用上，根据不同产品的属性特点，既有整体造型和图案运用，如拼图、镇纸、明信片和首饰盒等的设计；又有截取石碑部分图案进行挪用，其中34件产品都印有部分文字图案作为局部装饰，如扑克牌、笔、领带和背包等；也有将石碑造型和部分截取图案重新组合进行设计，如钥匙链和巧克力等。同样，罗浮宫根据镇馆之宝《蒙娜丽莎》开发了多种多样的文化创意产品，包括各类生活用品和魔方、巧克力等，台北"故宫博物院"的明星展品《翠玉白菜摆件》也是多件文创产品的灵感来源，其中尤其以合拢后呈现翠玉白菜造型、打开后仿若莲叶，深具天青月白之美的翠玉白菜文创伞最为知名，如图6-10所示。

图 6-10　翠玉白菜伞

系列设计原则不仅适用于大型博物馆，也是中小型博物馆开发文化创意产品的优先策略。大多数中小型博物馆虽然馆藏总数不多，但总有一两件"明星展品"，与其分散开发一些面目模糊的博物馆纪念品，不如集中以明星展品为原型开发系列产品，凸显博物馆特色，有利于在消费者心目中树立博物馆品牌。

大英博物馆围绕罗塞塔石碑开发的系列文化创意产品是体现文创系列化设计的典型案例。以罗塞塔石碑为原型设计的61种总计69件系列产品，如图6-11所示，涵盖了消费者生活的各个层面，区分了不同价位，设计了各种功能，融合了各种材质。系列化设计理念对我国博物馆开发文化创意产品具有很好的启示和借鉴意义。

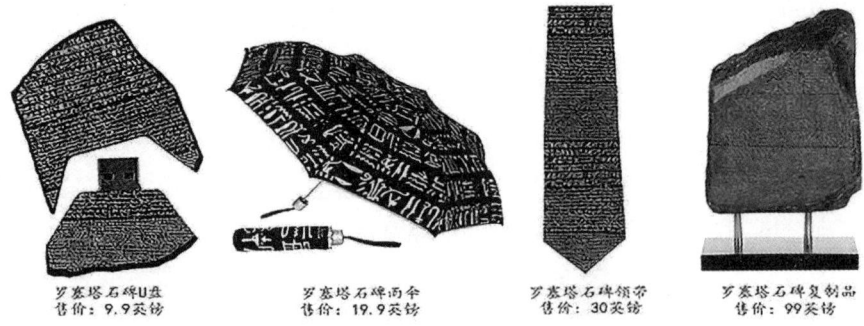

图 6-11 大英博物馆罗塞塔石碑系列文创产品（部分）

九、分众设计原则——精准定位营销市场

如果将博物馆文化创意产品作为一种有效的信息传播工具，则从分众传播理论来看，以分众原则指导产品开发能够达到更好的传播效果和教育目标。博物馆观众具有不同的教育经历和经济背景，来自不同的社会阶层和年龄结构，具有多样化的参观需求和差异化的消费能力，因此对购买文化创意产品也呈现出多种多样的需求。

拥有较为成熟的文化创意开发产业链的博物馆会充分考虑到受众市场的分层化结构，在研发设计阶段即根据分众传播理论开发针对不同类型观众的产品。对于专家型观众，深度解读展览内容和展品文化的图录类出版物更能满足他们的需求；对于具有较高经济消费能力的中产阶级，购买博物馆文化创意产品不仅是身份的象征，也是一种潜在的投资工具，售价不菲的文物微缩复制品主要以他们为营销对象；对于接受过高等教育、具有一定审美能力，同时又追逐时尚潮流和个性化体验的年轻人，融合传统文化元素和新颖趣味、售价适中的生活用品类产品更能引起他们的兴趣；对于携带儿童和青少年的亲子家庭，更要兼顾到博物馆对青少年的教育目标，开发设计未成年人喜闻乐见的食品、玩具、教具类产品。

分众原则要求博物馆首先做好受众和目标消费市场的前期调研与数据分析工作，厘清博物馆主要受众的年龄结构、知识背景、经济能力和消费偏好。不同类型博物馆面对的受众主体结构是不同的，决定了文化创意产品的开发侧重点不可能千篇一律。有调查表明，从广义的博物馆体系构成来看，美术馆观众的综合素质、审美能力和经济实力最高，其次是以历史文物展览为主的综合性博物馆，自然科技类博物馆的观众以青少年和亲子家庭居多，而动物园、植物园的参观者经济能力相对较低。因此，不同类型博物馆研发文创产品必然在内容、种类和价格上要有所区别。从实践来看，大都会艺术博物馆、大英博物馆等国外知名博物馆在研发过程中较好地贯彻了分众传播理论，而起步较晚的我国博物馆在这方面偏弱。近年来，上海博物馆在提升教育功能的同时，也注重开发针对青少年的寓教于乐性文创产品，如《手绘世界文物史》和《青铜国》等系列文物游戏绘本，如图6-12所示，受到广泛好评。

图6-12 《手绘世界文物史》和《青铜国》游戏绘本

第三节 博物馆文化创意产品的设计方法

从设计方式来看，博物馆文化创意产品的设计既需要遵循一般文化产品和创意产品的设计法则，也有自身的特殊性。设计师需充分运用发散思维、联想思维和创意思维，从不同角度解读文物元素，实现符码转化，创造出各类博物馆文化创意产品。以往从设计方式和设计策略来分析博物馆文化创意产品的研究成果尚不多见，近年来部分艺术类院校设计专业教师和学生的论文对此略有涉及。如徐燕认为，博物馆文化创意产品的设计方式有装饰性设计（产品外观上融入文化元素的平面设计，为多数产品使用的设计方法）、骨架式设计（将文物造型和产品功能相结合，以简化、形象化、夸张化文物外形的方式设计产品整体造型）、意蕴式设计（挖掘文物的深层内涵，通过隐喻的方式融入产品设计）、体验式设计（产品和消费者产生互动体验）等四种。有研究者持类似看法，将博物馆文化创意产品的设计方法归纳为表皮式、骨架式和意蕴式三种。亦有研究者将博物馆文化创意产品的设计方法归结为形态转化法和故事转化法两大类，其中，形态转化法包括对文物外形的提取和简化、形象化处理，整体运用或局部截取器物纹饰用于产品外观，借鉴文物色彩，改变原有材质，传统功能现代化和实用化等具体方式。马琳认为，博物馆文化创意产品的设计策略可以分为表象直译、符号转化、意境诠释和时尚创意四种，除时尚创意外，前三种实质上分别对应于徐燕提出的装饰性或称表皮式设计、骨架式设计和意蕴式设计。

博物馆文化创意产品设计的关键在于，萃取蕴含于文物文化元素中的象征意义，将之转换成视觉消费符号，再将这些消费符号设计成为创意产品。综合已有的研究成果，笔者认为，博物馆文化创意产品的主要设计方式有五种：元素提取式设计、功能融合式设计、意境传达式设计、情景复原式设计、互动体验式设计。

一、元素提取式设计

元素提取是博物馆文化创意产品设计中使用最普遍，也是最容易采用的一种设计方法。通过提取原型文物具有辨识度的特色纹饰、图案、色彩和造型特征，用平面设计的方式刻印、绘制在文化创意产品之上，创造出具有较高文化附加值和艺术审美价值的产品。元素提取式设计主要分为整体运用、局部截取和解构重组三种方式。

所谓整体运用，即将文物的整体造型纹饰进行微缩化处理后，改变材质，应用于创意产品的外形塑造。占据博物馆文化创意产品一定比例的文物复制品就属于这种设计方式，另外，通过这种方式还可以开发许多在外形上可以直接应用文物原型的产品。如根据罗塞塔石碑开发的拼图、明信片、首饰盒、书立、镇纸等，外形均为石碑形状且印有石碑的完整图案。

相对于整体运用，局部截取文物的纹饰图案并应用于产品装饰的做法更为灵活和常见。衣物首饰和生活用品类文化创意产品的设计多采用局部截取文物元素的手法。在文物信息的保留和传达上，局部截取不如整体运用完整而一目了然，这就要求设计师对文物的背景信息和文化价值有较深的了解，且自身具备较高的审美能力，能够从众多文化元素中选择和提取特色最为鲜明、最有辨识度、最具美观性的元素，用于产品装饰，以画龙点睛的方式实现产品的文化增值。如凡·高博物馆通过局部截取的设计方法，以凡·高花卉名作《盛开的杏花》《向日葵》《鸢尾花》等为原型开发了一批各种类型的文化创意产品，极具创意和美感；罗浮宫围绕馆藏展品《蒙娜丽莎》开发系列文化创意产品，也多采用截取部分图案并绘制于产品表面的方式。由于人们对馆藏的明星展品如《蒙娜丽莎》和"罗塞塔石碑"印象深刻，以之为纹饰来源的产品可以省却说明；但是，对于并不那么出名的展品，截取图案后容易给人迷惑感，最好附上设计说明让消费者了解产品背后的文物信息。

对文物元素的解构重组是设计要求更高的装饰手法。某件展品可能有两处以上的标志性外观特征，而产品限于造型和大小无法展现全貌，仅截取部分图案亦不足以诠释展品的独特文化艺术价值。在这种情形下，充分解读文物内涵，提取其中多处特色纹样，结合产品功能和外观设计予以重组，是一种比较好的设计方法。该种设计方法还适用于根据两件以上彼此间有密切联系的展品设计的文化创意产品。比如上海博物馆以馆藏书法名作为模本设计的服装、环保袋、文具等文创产品，许多都通过对若干件同一作者或者同一时代的书法作品进行元素解构，提取标志性书体，合理重组并绘制于产品表面，充分展现中国书法或凝重浑厚，或洒脱俊逸的独特风情。

元素提取式设计方法虽然运用简单、可操作性强，但在实际设计过程中要特别注意文物原型和产品契合度的问题，一般来说，这种设计方法更多适用于装饰性较强的衣物首饰、生活用具等产品的设计，以平面化的设计方法为主。对文物的选择和对元素的提取要经过仔细考虑。一是围绕馆藏明星展品设计，易于辨识，更多展现博物馆独有特色；二是选择有较强艺术美感和视觉辨识性的展品，如主题和色彩鲜明、纹饰独特或给人以较大视觉冲击力的绘画和工艺美术作品等；三是选择展品原型要和设计产品本身的功能特点相契合，产品本身的材质、颜色和风格与文物原型接近或者一致为佳。如风格厚重而带有神秘气息的罗塞塔石碑，更适合开发硬盘、杯子、手机壳、镇纸等质地比较坚硬的产品，或是黑色的巧克力、拼图等衍生品；首饰、衣物等产品所依据的文物原型，以风格飘逸、色彩绚丽的花卉绘画或瓷器的纹样为佳。

例如台北"故宫博物院"以馆藏名品"翠玉白菜"摆饰为原型，采取元素提取式设计方法开发了许多文化创意产品，并灵活运用改变材质、造型简化或变形、功能转换等方式给人耳目一新之感。如参考翠玉白菜整体造型设计的椒盐罐和各种吊饰，截取翠玉白菜特色图案并加以"萌化"设计的魔术方巾和筷子组合，解构、提取翠玉白菜色彩特征设计的天青月白杯，简化并重组外形元素设计的开瓶器等，融文化性、纪念性、实用性和观赏性为一体。

二、功能融合式设计

功能融合式设计是指根据产品的功能需要，将文物的文化元素或者造型形态予以简化、变形、夸张化处理，与产品的使用功能融为一体。成品符合人体工程学理论和消费者的身心需求，既可以使人自然联想到原型文物，又不会有强行拼接、生搬硬凑的斧凿之感。功能融合式设计其实也可以视为元素提取式设计的一种，属于元素的解构和重组，不同的是，一般的元素解构重组偏重于平面化设计，功能融合式设计偏重于立体形塑和整体框架结构的重新组合，且这种元素符码的转化是基于产品功能的要求的，类似于有些研究者提出的"骨架式设计"方法。根据学者林荣泰提出的文化创意产品设计三层次框架，功能融合式设计旨在满足消费者行为层面的需求，设计功能合理、操作便利、安全的产品，同时又能使人联想起原型文物，体味其中的意涵。这种设计方法对设计师的创意思维有较高的要求，产品往往表现得新奇而不落俗套。如台北"故宫博物院"2012年国宝设计衍生商品设计竞赛金奖作品"乾隆皇帝的艺术品位"茶器，造型轮廓源自清乾隆年间文物"黄釉粉彩八卦如意转心套瓶"，简化轮廓曲线，滤水孔以如意云纹和八卦纹雕镂，器型简洁有雅趣，融合古今风味，且使用便利。2010年的获奖作品"翠玉白菜伞"为采用功能融合式手段设计的翠玉白菜系列文创作品。伞面合拢后仿若一株造型生动的翠玉白菜，打开后犹如一朵翠绿莲叶，雨滴仿佛凝结其上的露珠，优美自然而饶有趣味。而曾经的"网红"堕马髻颈枕也是一款典型的功能融合式设计产品，设计者巧妙联系唐人宫乐图中宫女流行的"堕马髻"发饰元素，和当代人的生活需求衔接，开发出符合人体工程学的颈枕，供小憩使用，时尚创意趣味十足。

三、意境传达式设计

"意境"是东方传统美学和艺术的重要审美范畴，用以形容书法绘画等艺术作品所传达的一种能使欣赏者产生感动和共鸣，却难以言表的独特韵味和境界。意境开启了审美想象空间，虚实交融、形与神会，使观者驻足，低吟徘徊于审美想象中不能自已。而西方的艺术作品风格虽偏于直白显露，然亦有内含深邃悠远意蕴的作品，现代艺术也多以简洁造型和线条传达言外之意，因此，笔者认为，"意境传达式"设计方法可通用于中西方博物馆文创产品的设计，其要求设计师深入把握、感受、解读文物和艺术作品的审美意蕴、文化内涵，通过创意设计将之有机融入产品，使产品有效传达同样的文化意蕴，使消费者感受到类似的艺术美感。

"意境传达式"设计通常运用明喻、暗喻、隐喻等方式表达原作和产品的联系，含义比较隐晦。对设计师来说，运用"意境传达式"方法设计产品是难度较高的挑战，如果对原作只有走马观花式的浅层次了解，是远远不够的，容易设计出让观众"看不懂""不知所云"的产品。设计师必须具有较高的文化素质和艺术品位，必须经常"到博物馆里上上课"，在博物馆策展人、释展人和教育项目策划人等的帮助下深入学习，掌握文物背景知识和文化内涵，并具有扎实的设计功底和较强的设计技巧，方能设计出成功传达原作神韵的高品质文创产品。

如台北"故宫博物院"撷取清乾隆年间宫廷画师郎世宁创作的《仙萼长春图册》的春天和花卉意象，设计"三清茶具"套装，以粉色、青色、翠绿和天蓝为淡雅底色，附以造型生动可爱的花鸟虫鱼点缀其间，一派生机盎然，传达出清新自然、生机勃勃的初春意境。以同一绘画原型开发的系列首饰产品，撷取菊花、兰花、梅花等花卉意象，与珍珠、珊瑚、玳瑁、琥珀、琉璃等不同材质相融合，呈现或清新淡雅，或明艳动人的审美效果，无不传达着春天的气息。

北京故宫博物院设计的"我佛香插"创意香具，发想于馆藏隋代白石佛像，佛像神态端庄典雅，衣饰流畅，莲瓣错落开合，富于动感。设计师进行形态萃取和简化后，融现代感和装饰感于香插繁密的纹理之中，同时融合了剪纸、折纸等传统技艺，于光影变幻中生发出三维空间的宇宙星河意象，顶端的反光设计便于观者在与佛像凝视时反观自身，了悟自我即宇宙、自我可成佛的哲思。

四、情景复原式设计

博物馆文化创意产品设计的一个关键之处是将古代文化元素融入现代生活，让今人在不断的使用中体味古风雅韵，代入古人的生活场景，从而获得对文物更深层次的理解和认知。情景复原式设计方式正是基于这样的目标，选择能够有效衔接古今生活的文物，通过复制、微缩、放大或是改变功能、将平面文物立体化等方式，延续古老文物在现代的使用功能，有机融入当代时尚生活，令其在当下焕发出勃勃生机。

情景复原式设计主要有两种方式。第一种是在不改变文物原有功能的基础上以仿制的形式设计创意产品，产品有着和原型文物一样的外观与使用功能。消费者在实际使用产品过程中仿佛步入了古人的生活场景。如根据古代首饰同比例复刻原形开发的珠宝饰品，或仅在材质及色彩上稍稍融入现代设计，保留文物的整体风貌，即这种设计方法的体现。另外，博物馆文化创意产品中占比很高的生活用品一类，有许多是采用这种方式开发的。尤其是各种纹饰精美、质地精良的瓷器，特别适合开发成现代食器、茶器，延续或扩展原有的使用功能。

情景复原式设计的第二种方法，即保留文物的场景原貌，改变使用功能，使之更好地融入和适应现代生活。如根据《清明上河图》开发的纸本游戏，以绘画中出现的人物和场景为基本游戏元素，融入任务设置、完成奖赏和失败惩罚等现代游戏设计元素，以生动有趣的形式，让玩家在游戏过程中通过沉浸式体验了解北宋时期的民俗风情。

如大英博物馆莎士比亚展衍生文创品鹅毛笔套装，复原莎士比亚时代流行的书写用具，含一支红色鹅毛笔、三瓶墨水盒六个不同型号的笔尖。消费者在用这套笔具书写时当有回归莎士比亚时代的感受。台北"故宫博物院"根据馆藏《清明上河图》开发的音乐盒，外形元素仿照清明上河图中北宋时期的建筑样式和人物场景，令人在愉悦身心时亦发思古之幽情。

五、互动体验式设计

互动体验式设计主要应用于无形文化创意产品，即各类博物馆开发的应用类和游戏类应用程序。互动体验式学习是博物馆学习的一贯优势，相比于单向灌输式的书本教育，博物馆以实物的形式为观众提供了多种多样的参与互动的机会。研究表明，互动体验式的学习效果远优于仅动用视觉和听觉的学习方式，对于以感性思维为主、好奇心旺盛的青少年来说尤其如此。因此，除了博物馆开发的各类教育项目强调互动体验性之外，博物馆开发文化创意产品也应充分利用这一优势。博物馆开发的实体文化创意产品中，大部分须通过消费者的亲自使用和亲身感受来发挥教育传播作用，达到愉悦身心之目的。大数据、云计算、虚拟现实等互联网技术的兴起，为博物馆开发能够提供更为生动的互动体验的无形文化创意产品提供了契机，而对这类产品的开发，主要应用的就是互动体验式的设计方法。

目前，博物馆研发的无形文化创意产品主要有两类：一是各类导览性质的服务型应用程序，如大英博物馆、大都会艺术博物馆、罗浮宫等都拥有多个导览应用程序，实时提供精选展品和参观路线推荐；二是大量出现的旨在传播博物馆和展品文化，以生动趣味的形式展现的游戏类、互动类应用程序。本节所讨论的主要指后一类含有互动游戏元素的应用程序，如近期北京故宫博物院开发的《韩熙载夜宴图》《皇帝的一天》《胤禛十二美人图》应用程序等，均收获广泛好评和高下载量。这类应用程序的设计初衷，即让使用者在充满乐趣的互动体验中了解和体会传统文化知识。

以《皇帝的一天》为例，作为一款儿童游戏类应用程序，其有效结合了儿童的认知心理、兴趣点和知识点，通过引导儿童"游览"养心殿、御花园等故宫建筑，有序触发、推进各类情节，并设计一系列以宫廷文化为核心的小游戏，让孩子们了解古代皇帝的生活起居、工作娱乐和故宫传统文化。

如《胤禛十二美人图》（如图 6-13 所示）以馆藏绘画为基础，串联起了故宫对古典家具、瓷器、书画和宫廷文化的研究成果及相关知识点，用户点击画面上的物件，就会出现相应的知识介绍，还能运用放大镜工具仔细分析绘画的构图技巧，欣赏背景古典音乐，该应用程序设计获得了香港的亚洲设计大奖。

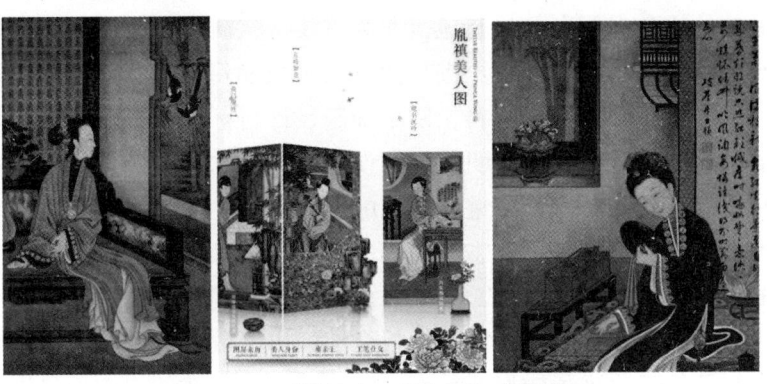

图 6-13　《胤禛十二美人图》应用程序

第四节　博物馆文化创意产品的设计流程

博物馆文化创意产品的研发设计遵循一般文化创意产品的设计流程，都需要经过市场调查、设计展开与实施、市场评估等若干阶段。但由于不同的博物馆在开发模式上存在差异，研发环节中，展品元素的准确解读、视觉符号转化、文物信息传达等环节难度较高，因此博物馆文化创意产品的设计流程也具有一定的特殊性，主要表现在设计主体和参与者的多元化。

在设计主体上，根据开发模式的不同，博物馆文化创意产品研发设计的主体承担者可能是博物馆内部设计人员、设计公司成员或者独立设计师。这三类设计者对博物馆品牌和展品文化价值的认知深度、创意设计能力和经验有所不同，导致在设计过程中主观能动性的发挥有所差异，直接影响产品的质量和创意层次。一般来说，博物馆内部聘用的设计人员长期浸淫于博物馆文化之中，大多拥有考古和文物学的教育背景，对博物馆和展品的历史文化艺术价值了解较深、解读较透彻，在设计中能扎实贯彻博物馆开发文创产品的传播意图和教育目标。但是，这类设计人员从事设计行业的经验较少，设计专业知识偏于狭隘，在设计中不易发散思维、拓宽视野，不易设计出内涵与外观臻于完善的高质量产品。与内部设计人员不同，专业的设计企业成员和独立设计师拥有一定的从业经验和较好的设计专业背景，对产品的外观美学、功能应用和细节处理把控较好，且能开拓思维，研发出更多符合人体工程学、设计心理学，具有较高美感特质的精致的生活化产品。其不足之处在于对博物馆展品文化的了解不深，对文物内涵解读和元素提取易流于表面，设计方向易偏离博物馆的目标。

博物馆文化创意产品研发设计的特殊性还在于参与者的多元化。由于三类设计主体各有优势和缺陷，在设计过程中，博物馆市场部门、教育部门和研究部门相关人员的全力配合与参与显得尤为重要。在研发工作的前期阶段，博物馆市场部门应配合研发设计人员进行博物馆观众和目标消费者的市场调查与数据分析，掌握和提供第一手资料，便于确定设计目标和市场定位。在具体的研发过程中，博物馆教育部门应明确告知设计者产品欲达到的传播效果和教育目的；研究部门应提供对博物馆重要展品的研究成果，帮助设计师了解文物蕴含的主要历史文化价值，辨别标志性纹饰、图案和造型特点；市场部门应提供以往博物馆文创产品的销售数据，帮助设计师了解不同种类文创产品的受欢迎程度。在后期的产品评估阶段，博物馆教育部门应采取定性和定量分析相结合的方式评估产品是否达到了较好的教育目的；博物馆市场部门应积极提供试销情况反馈相关数据，便于做出是否推广生产销售的决定。除博物馆相关部门人员参与设计全过程外，应考虑将消费者纳入设计过程，通过调研访谈的方式倾听消费者的设计建议、使用感受和心理预期。博物馆、消费者和设计人员三方投入、参与文化创意产品的设计过程，是推动产品设计顺利实施、取得良好市场反响和社会经济效益的重要保证。

从具体的设计步骤来看，博物馆文化创意产品的设计流程可以分为"需求分析""设计实施"和"产品评估"三个阶段。"需求分析"是研发设计的前期工作，分别开展消费者需求分析和博物馆需求分析；"设计实施"是主要的设计步骤，设计人员确定设计目标后，将设计构想付诸实践，形成设计图稿或者模型，通过博物馆评估后，反复修改形成定稿并投入生产制造；"产品评估"是研发设计的后期阶段，博物馆试生产少量样品投入市场销售一段时期，市场部门负责监督销售情况并组织消费者购买情况调查，反馈销售调查情况后，做出是否推广生产，或是修改设计，抑或终止生产的决定。

一、需求分析是博物馆文化创意产品的开发基础

需求分析虽然是整个研发设计流程的前期阶段，但却发挥着至关重要的作用，是设计师灵感涌现、创意产生、构思成型的重要阶段，也是设计师、博物馆和消费者彼此沟通、弥合认知差异，从而为之后的设计展开与实施打下坚实基础的阶段。需求分析分为两个步骤，一是消费者需求分析，二是博物馆需求

分析，两者互相联系、互为补充。

需求分析的第一步是分析消费者的需求。博物馆文化创意产品的消费群体包括博物馆的参观人群和潜在的消费人群，即有可能通过电商渠道或者馆外分店购买文创产品的群体。不同类型、不同规模、不同地域的博物馆能够吸引到的参观人群和潜在消费群体是不一样的，其年龄构成、知识背景、经济能力、消费理念、审美偏好呈现差异化和多样化的特点。博物馆研发文化创意产品如欲取得较佳效果，需要对目标消费群体进行明确定位，有针对性地研发设计产品。市场分析可以采用调查问卷的方式，了解博物馆日常访客的各项数据信息，同时需要博物馆市场营销部门提供利用大数据技术得出的参观人群分析结果，并深度分析以往博物馆各类文创产品的销售情况，精准把握目标市场、消费偏好和设计需求，体现博物馆文化创意产品研发的分众原则。举例来说，针对艺术类博物馆观展人群综合素质较高、经济实力较强且女性占比偏高的情况，主要研发外观审美性强、展现高雅生活情趣、价位偏高的衣物首饰、生活用具类产品和名家画作复制品，产品设计重点在于充分把握精品原则、审美原则、情感原则、特色原则；针对自然科技类博物馆以少年儿童和亲子参观者为主的情况，主要研发知识性和趣味性较强的互动体验式展品模型、文具用品、玩具和教学用具，设计重点在于贯彻亲民原则、新奇原则和教育效果；针对以历史文化类展览为主的综合性博物馆，由于参观人群多样化，产品设计应注意深度原则、分众原则和系列原则，研发具有文化深度、老少皆宜、突显博物馆品牌文化的产品。

需求分析的第二步是分析博物馆的需求，包括博物馆研发文化创意产品希望达到的目的是创造可观的经济效益，还是延伸博物馆的教育功能，或是博物馆的主要品牌策略？在实践中往往三者兼有，但亦可能有所侧重。如经济效益是主要考虑因素，则侧重于开发设计新颖有趣、价位适中易销的生活风格产品；如主要目的是延伸博物馆和展品的文化价值与教育意义，则产品传达的文化意蕴和内涵深度是设计的重要方面；如为品牌策略的实现途径，则全体印有博物馆logo的设计方式和围绕明星产品进行系列化开发为首选方案。对博物馆品牌特色的识别和解读也须在这一步进行。博物馆有哪些明星展品？往往博物馆工作人员心目中的"明星展品"和大众认知会存在差异。具有很高历史文化价值的"镇馆之宝"和受关注度高的"网红展品"都可以作为研发设计的重要原型。另外，一些并不那么"出名"却具有较大开发潜力的展品，如图案、造型、纹饰辨识度和特征性强以及色彩明艳、造型新颖、装饰别具一格的展品，也可作为开发的主要对象，有时甚至会因为衍生品的畅销而成为知名展品。除博物馆拥有的文物资源外，也须分析博物馆的渠道资源。博物馆文物商店的规模、选址、经营年份和经营策略往往对产品销售有重要影响，而电商平台的建设状况也决定了产品面对的潜在消费者的规模和经济能力。

需求分析是由设计师、博物馆工作人员和消费者共同参与的阶段。设计师到博物馆不断"上课"，与博物馆人员和消费者充分沟通，通过观察、分析、思考、归纳，寻找创意灵感，形成初步的设计构思框架。博物馆市场、教育部门提供参观人群调查和销售数据，组织受众问卷调查，向设计人员阐释展品文化价值。消费者配合问卷调查，主动提供个人信息、消费偏好和对博物馆文创产品的心理期望。建立设计者、博物馆和消费者三方参与沟通的良性互动机制，为之后的设计实施阶段提供良好保障。

二、确定设计目标并开展博物馆评估

设计的展开和实施是研发设计整个流程中最主要的阶段，是设计师经过前期需求分析工作后，对头脑中捕捉到的创意灵感和设计构想加以具体化，形成并交付设计图稿模型的阶段。按照一般的流程，这个阶段可以分为确定设计目标、形成设计初稿、博物馆评估和修改定稿四个步骤。

首先，设计师和博物馆应在掌握需求分析资料，并充分沟通的基础上，确定设计的基本目标或称设计方案。主要内容包括：一是明确需要开发的原型文物，通常包括具有较高文化价值和知名度的"镇馆之宝"、关注度高的"明星展品"、博物馆和地域特色鲜明的展品、大型特展的主题展品，以及具有较强开发潜力的展品。原型文物的确定，除了要考虑符合博物馆和展览主题之外，也要考虑开发的难度和设计团队的开发能力，寻找到最合适的一组展品。二是确定研发产品的种类和数量。根据博物馆拥有的渠道资源和以往的市场反馈，并结合原型文物的特点，选择市场认同度高、销量好、容易开发的文创产品种类。一般来说，首次生产数量不宜过多，需经过市场实销和反馈后，决定是否扩大生产。三是确定主要的设计原则和设计方法。原型文物特点不同、待开发产品类型不同、设计团队能力不同，都会影响对主要设计原则和设计方法的选择。如以罗塞塔石碑、《蒙娜丽莎》、翠玉白菜摆饰等"明星展品"为原型开发产品，可充分运用系列原则，并采取辨识度高的元素提取式、功能融合式设计方法。四是由设计师和博物馆市场部门共同确定开发产品的目标市场、消费人群、主要营销渠道和定价。如开发以年轻人为主要消费者的时尚创意、流行风格类生活用品和服饰，可以充分利用线上电商渠道，定价亲民、适中为妥。

其次，确定设计目标后，设计师应根据设计目标，将头脑中的创意、构想具体化，绘制详细的设计图稿，或利用CAD等电脑技术设计模型。博物馆文化创意产品设计和一般创意产品的不同之处在于，设计师应花更多时间与精力思考文物元素到视觉符号的转化如何顺利实现。是否能将文物的特殊造型、特色纹饰和特有意蕴巧妙融合于产品设计并准确传达给消费者文物信息，是博物馆文化创意产品成败的关键，也是对设计师设计能力水平和综合素质的挑战。因此，在这一阶段，设计师除了要充分运用联想思维、发散思维、创造思维等多种设计思维方式，聚精会神专注于设计工作之外，更要反复研读原型文物背景资料，反复涵泳文物所传达的历史文化价值，确保准确提取文物最有价值和最具特色的特征，融合于产品设计之中。同时，设计师应坚持"以人为中心"的体验设计和人性设计原则，站在使用者的立场，力求将设计产品的便利性、可操作性和审美性臻于完善。

再次，完成设计初稿后，接受博物馆评估是必不可少的环节。博物馆应组织由市场部门、教育部门和研究部门组成的评估小组，对设计师提交的设计初稿进行评估审核。其中，教育部门人员主要从设计原则、设计风格、信息传达等方面审核产品设计是否符合博物馆的教育宗旨和开发产品的根本目标，是否有利于传播博物馆品牌和延伸博物馆教育功能。研究部门人员主要从产品的元素提取、内涵解读、符码转化、视觉含义是否到位与合理，来判断产品是否有助于消费者深化对原型展品的理解，是否准确、有效传达文物信息且不至于引起歧义，产品设计是否符合深度与精品原则，是否能够揭示博物馆和藏品特色。市场部门人员主要从观众调查和既往产品营销状况等大数据信息，来初步判断产品设计的目标消费群体定位是否准确，定价是否合理。博物馆根据评估结果，提出设计修改建议。

最后，设计师根据博物馆的修改建议，对产品设计稿进行修改和进一步的打磨完善，并再次提交博物馆相关部门审核，反复进行直至设计图稿通过博物馆评估后，确定首批试生产数量，交付制造商生产。

三、市场评估是检验博物馆文化创意产品开发效果的重要手段

产品市场评估是博物馆文化创意产品研发流程的后期阶段，也是评判产品设计是否合理，是否推广生产或调整设计方案的过程。产品设计定稿后，博物馆或设计相关方确定首批生产数量，并联系厂家投入生产，将产品进行试销。首批生产数量不宜过多，应根据消费者数据调查确定产品数量和销售周期。不

过考虑到博物馆文化创意产品的特殊性，有别于快消产品周期短、市场大的特点，其试销周期不宜过短，以半年到一年为宜，留有充分的时间接受市场检验。

产品试销过程中，应由博物馆市场部门主导反馈和评估。一是组织产品市场调查，主动通过问卷调查的方式了解消费者对产品的视觉效果、使用功能、操作便利和价格等因素满意与否，并请消费者留下经济收入、教育背景等信息，便于分析目标群体。调查问卷可以在购买时进行，予以一定的价格优惠或赠品的方式征求意见；也可以在商品售出一段时间后，进行电话或者邮件跟踪调查，取得消费者的使用反馈。二是综合产品销售的各项数据后，进行分析，撰写市场评估报告，提出对产品下一步的生产建议。

最后，根据市场反馈和评估情况，博物馆市场部门做出产品是否推广生产的决定。如果市场反响佳、产品口碑好、销量高、消费者反馈良好，则扩大生产销售，将产品打造为博物馆的品牌文创品。如果市场评估具有两面性，消费者反馈尚可但存在较集中的意见建议，博物馆可联系设计师，根据市场反馈调整设计方案后，再投放市场销售，并接受再评估。如果市场反馈产品存在明显缺陷，销量呈总体滑坡趋势，则考虑终止生产。

第七章　体验经济背景下文化创意产品的设计反思

第一节　文化创意产品设计的现状分析

一、我国文化创意产业发展的困境

（一）国外文化创意产业对我国文化创意产业的冲击

1. 外国对我国文化资源的争夺

五千年的中华文化绵延不断，众多的物质产品和非物质产品是中华民族宝贵的精神财富。在开放条件下，这些资源不再为中华民族所独有，成了世界人民共享的精神财富，满足着世界人民的文化消费，这是中国文化资源开放带给世界积极的一面。然而，文化资源的开放也带来了消极的一面，它主要表现在以下两个方面。

一方面，它加剧了文化资源争夺，强化了文化资源的有限性，客观上限制了中国文化产业对中国文化资源的利用程度。过去，人们经常认为物质资源是有限的，而文化资源是无限的，但是在今天，人们不得不改变自己的认识。只有200多年历史的美国，其文化产业的生产能力空前膨胀，它在把文化产品的生产创作引向虚拟空间、虚拟人物的同时，也把它的生产空间拓展到了文化资源极为丰富的发展中国家，利用他国的文化资源发展本国的文化产业，创造本国的文化产业利润。在强大的经济实力和科技实力的支持下，它对一国传统文化产品的生产制作几乎趋于完美，而对文化产业落后、经济和技术实力差的发展中国家来说，对同一素材文化资源的利用和再创作几乎成为不可能，因为消费者早已认同了发达国家文化产业的产品，由此引发了文化资源的有限性和对文化资源的争夺。如美国文化产业集团以中国传统故事《花木兰》为素材，进行重新加工，并把它重新投入中国市场，获得了极高的收视率和巨大的票房及利润；带有中国元素的《功夫熊猫》也让美国人创新成美国文化在世界流传；郑和下西洋的史实被外国人写成《1421：中国发现世界》赚了1.3亿英镑；日、韩以《三国演义》等历史题材为内容做成的电游，一再杀回中国市场。这些行为无疑影响了中国历史上曾经生产出来的相同题材的动画片、游戏等，也影响了中国文化生产单位对这一素材的再创作。这样，资源的有限性就显现出来。

另一方面，由于不同国家文化产业背景不同、价值观念不同，在文化产品的生产中选取的题材就可能不同，对同一题材利用的角度往往不同，因此会产生不同的效果。由于背景和需求的不同，不同国家对文化产品的选择角度是不同的。发达国家对国际文化市场的控制力，使得以他们为主体的标准成了世界性的标准，表现出了文化产品生产和消费的单一性机制，以他们的标准来衡量他人的文化资源，从他们的角度来生产大众所需要的文化产品。在世界科技水平如此发达的今天，这些作品必然会很快传送回文化资源的所属国，进而对所属国的文化产品生产产生负面的诱导，威胁民族文化产业的发展方向。这种由发达国家文化产业所控制的对文化资源的选择和利用以及单一性的消费倾向，对发展中国家的负面影响是显而易见的。

2. 中国的文化市场必然受到强烈的冲击

中国作为世界贸易组织成员，必然要履行相关规则的要求，文化产业的国内和国际两个市场必然贯通，文化产品进出口的审批权将逐步放宽，进出口手续也会被简化，中国文化市场会面向世界各地的文化产业集团开放。在这一过程中，国外文化产品大规模进入中国，文化产品价格也将随之下降，虽然广大消费者作为直接消费者会从中受益，但是它的负面影响也是深远的。作为新兴产业的中国文化产业会受到很大的冲击和影响，作为文化产业活动领域和文化产品交换场所的文化市场也面临被冲击和侵占的可能。中国文化市场的消费群体规模庞大，中国本土有14亿人口，海外还有7000多万华人，对作为以传播文化产品为主要职能的文化产业来说，这是一个巨大的市场。国外文化资本肯定不会放过这一巨大的文化产品市场。在中国的文化市场中，中国文化产业虽然有着地缘优势，但是也有着经济、技术等诸多方面的劣势。

丰富的文化资源和广大文化市场独占性的消失以及国外文化资本和文化产业进入的结果，就是文化产业利润的巨大流失，这种利润的流失已经不是文化产业一个领域所能承载的，而是对国民经济的发展和稳定产生巨大影响的经济问题。况且,在这一利润流失的过程中,伴随着的还有中国文化产业的萎缩以及文化价值观念方面的变化。

(二)我国文化创意产业存在的问题

1. 对创意产业认识模糊,缺乏长远和整体规划

由于我国引入"创意产业"时间较短,对创意产业在知识经济时代中的地位和作用还缺乏全面的认识。目前,英、美等国家都把创意产业作为一个新兴的支柱产业,确立了创意产业发展的近期目标和长远目标,并以此来积极推动创意产业的发展。我国政府对创意产业发展的定位、规划以及政策还处于初级阶段。

2. 未构建政策支持体系

为了培育和发展本国或本地区的创意产业,不少国家和地区近年来出台了一系列相关的政策和措施。比如,由政府牵头,建立创意产业发展基金,同时在投融资、税收、进出口、人才培训等方面对创意产业的发展予以适当的优惠或政策扶持等。反观我国目前的文化政策,还存在很多问题,不利于文化创意产业的充分发展。首先,我国的文化行业普遍由国家垄断,缺乏竞争机制,文化行业没有压力,也没有动力,导致很多文化行业慢慢走向衰落。其次,我国目前文化体制条块分割严重,地方各部门出于自身利益考虑,部门保护、地方保护严重,设置重重壁垒,给文化创意产业发展带来了层层阻碍。这样的政策体制决定了我国的文化创意产业的同质化现象严重。我国目前还缺乏一个全面、系统的政策支持体系来推动创意产业的发展。

3. 知识产权保护力度不够

有效的知识产权保护对创意产业的发展起到至关重要的作用,英国、美国等创意产业发展领先的国家都非常重视知识产权的保护。现阶段我国的知识产权保护非常薄弱,盗版、假冒等侵权案件时有发生,严重影响我国的国际形象和国内创意产业的健康持续发展。据国际唱片业协会 IFPI 中国区的资料显示,网上传播盗版音像制品给音像行业带来每年至少 50 亿美元的损失。因此,发展文化创意产业更需要加强知识产权保护意识,以保障创意主体的合法权益,激发企业的创意、创新活动。

4. 产业链的完整性和协调性有待提升

我国的文化创意产业链的问题主要可以归纳为三点:(1)环节不全,一个相对完整的文化创意产业链条应该基本包括创意、制作、销售以及衍生产品

的推广营销等环节,而目前我国的产业链缺乏产业的细化分工和成熟的各个环节,造成创意提出完成后往往要事无巨细地从创意到营销一包到底,难以形成有效的分工;(2)关系不顺,目前我国的文化创意产业链之间的权责不对称,往往造成"上游压下游"的情况。以出版链条为例,就有"出版求销售,销售压出版,印刷求出版,出版压印刷"的现象,这种三角债现象情况十分严重,可以说是管理不到位和相关法规制度的真空造成的;(3)衍生产品开发不足,文化创意产业最终带来最大产业化效益的往往不是创意产品本身,而是其衍生产品。作为文化创意产业大国,美、日等国均拥有完善的文化产业链条,其产业利润中衍生产品的利润所占比重已经超过了创意产品本身,而中国在这一点上则远远落后于其他国家。

5. 高层次专业人才匮乏

我国创意人才的培养受到原有教育培训机制的制约,不能适应实际发展的需要。创意产业是以人为本的产业,人才是创意产业的核心竞争力。据了解,美国纽约从事创意产业的从业人员占总就业人数的12%;英国的伦敦、日本的东京则分别高达14%和15%。而我国目前创意产业人才不仅在总量上相对偏少,而且在层次和结构上也和发达国家存在较大的差距,这是制约我国创意产业发展的主要因素。

文化创意产业人才是文化创意产业发展的根本,没有人才,创意就无从谈起,发展文化创意产业,关键在于培养一批高素质的人才。我国高层次专业人才匮乏主要表现为从业总量存在缺口和人才结构较为失衡。

我国高层次专业人才的缺乏与我国文化创意人才培养体系的不完善有直接联系。我国缺乏完善的文化创意人才培养体系。目前,国内教育体系无法提供与高素质文化创意人才培养要求相匹配的师资力量、教学内容、培训交流活动与就业平台,这些直接制约着我国文化创意人才的培养。我国缺乏既有丰富文化底蕴,又有高科技含量与创新性,又懂文化创意产业营销管理的高层次、复合型文化创意产业人才,并且在文化创意人才培养体系构建方面经验不足,缺乏成熟的案例典范。

二、文化创意产品设计存在的问题

(一)优秀原创设计缺乏

目前,国内市场上的文化创意产品虽然种类繁多,式样各异,但缺少优秀的原创设计。大多数文化创意产品都是生产厂家对国外类似产品的仿制或模仿，国内的原创产品主要针对产品的造型进行简单的修饰，少有真正的开发设计。优秀的原创设计是"中国制造"到"中国创造"的大势所趋，只有拥有优秀的原创文化创意产品，才能够发展真正的文化创意产业，而不是发展文化创意产品制造业。

由于国外的文化创意产品不论在生活方式、使用方式还是在文化诉求等方面，都和中国消费者的需求有很大差异，特别是文化创意产品主要涉及的是和消费者日常生活相关的家居用品，这种文化和生活方式上的差异就更为明显。如香蕉切割器和苹果切割器，同样是用来切水果的专用厨具，它们在国内市场的销量和发展却完全不同。原因在于中国人的生活习惯一般是不把香蕉切开来食用的，而大多数中国人都会将苹果切开食用。这就是生活方式上的不同给产品带来的完全不同的市场局面。因此，具有中国特色、符合中国人文化和生活方式的文化创意原创产品的缺乏成为制约文化创意产品市场发展的一个重要问题。

（二）产品品质偏低

根据对文化创意产品消费者的调查可以得知，文化创意产品的消费人群普遍文化层次较高，追求产品的品质品位。低品质的文化创意产品无法满足消费者的需求，必将被主流消费者所抛弃。目前，国内市场上存在文化创意产品品质普遍偏低的情况。产品的品质主要体现在产品质量、产品工艺和产品内涵三个方面。产品质量和工艺是由产品生产中投入的技术和成本决定的，而产品的内涵则由产品设计决定。只有同时拥有较高的产品质量、产品工艺和产品内涵的产品，才能被视为品质优秀的产品。如我国市场上现有的品质较低劣的儿童勺子，勺子的造型为卡通形态和传统勺子的堆叠，不够抽象简洁，而且不适于使用。不谈产品的质量和工艺，单从设计上就无法满足高品质需求。相比之下，一款专门为儿童设计的可弯曲的勺子，形态圆润憨厚，手柄方便抓握并且可以弯曲，适合儿童使用，并方便家长喂食。正是其优秀的设计给产品带来了优秀的产品品质，使这款勺子的单价颇高，却销量很好。

（三）产品专有品牌稀少

目前，国内市场上以经营文化创意产品为主的专有品牌稀缺。品牌效应对于一个产业来说是非常重要的，以品牌带动产业发展已经成为国内外产业发展的一个规律。品牌效应能提高生产厂家的竞争力，知名品牌对于产业的发展和良性竞争有着巨大的促进作用。因此，专门推出文化创意产品的优质品牌对于文化创意产品市场的发展是至关重要的。

国内市场已经有一些以文化创意产品为招牌在经营的品牌，但是这些品牌的产品并不全是真正意义上的文化创意产品，大都以家居产品为主，掺杂少量的文化创意产品。并且，这些品牌的优质原创产品不足，也是限制这些品牌发展的一个重要因素。

与此同时，国外的创意家居品牌正源源不断地占领国内市场，尤其是国内的高端市场。比如，来自日本的以销售日常用品为主的杂货品牌"无印良品"，来自瑞典的全球最大家具和家居用品零售商"IKEA"等。如IKEA的牙齿储物凳，以其经典有趣的造型、鲜艳活泼的色彩和方便的使用功能赢得了消费者的喜爱，成为IKEA多年来经久不衰的热销产品。国外创意家居品牌在国内市场的兴起，也从另一个侧面说明国内消费者群体对于文化创意产品品牌的需求和向往。

（四）创意和需求不匹配

目前，国内市场上的一些文化创意产品的设计创意和消费者需求不匹配。很多原创的文化创意产品，在设计开始就完全是以设计师自己的设计思维和设计创意为主，并没有注重产品是否符合消费者的需求，或者产品针对的消费人群的范围太小。所以，就出现了设计师的设计创意并不是针对消费者需求而产生的尴尬局面，这样的创意产品自然不能得到大部分消费者的青睐，也不能占领市场。

综上所述可以发现，目前国内市场上文化创意产品所存在的问题，都与产品的创意以及创意设计有着密切的关系。研究一套系统的文化创意产品的产品创意方法和产品设计流程是解决这些问题的最根本办法。

三、文化创意产品的设计方向

（一）生活情趣创意设计

生活情趣创意是通过创意创造更丰富的产品情感体验。情趣创意是针对生活中的情感和趣味进行创意，包括产品情感创意和产品趣味创意两个部分。

情感创意更注重用户体验中带来的友好、亲切、温馨等人性化情感的传达，同时包括针对用户情感补偿和用户情感发泄的设计。而趣味创意针对的是产品的娱乐性和有趣性，带给用户休闲放松的感觉。但是，不管是产品情感创意还是产品趣味创意都是针对感官体验和互动体验进行的设计。

情趣创意的感官体验创意是针对产品本身的形态、颜色、材质、声音、味道等感官体验要素进行的创意设计。如图7-1所示的这款"倒影咖啡杯",咖啡杯杯身上并没有文字,但是,当用户将杯子放到杯盘上时,杯身上就会倒映出杯盘上的文字。一个普通的杯子利用简单的倒影原理就能给生活带来出乎意料的情趣。

图 7-1　倒影咖啡杯

情趣创意的互动体验创意是针对产品使用过程或产品使用结果带给用户的情感体验进行创意设计,体现生活情趣。如家务分工骰子,现在的年轻人在工作繁忙的同时还有很多繁杂的家务活要做,新婚的夫妻往往会为家务分工的问题而吵架。针对家务分工这一难题,设计师设计出了一款家务分工骰子(如图7-2所示),试图用一种娱乐性的方式解决家务分工这个难题,同时增添了生活情趣。

图 7-2　家务分工骰子

(二)生活效率创意设计

针对生活效率进行创意是以生活中行为的效率或生活产品的使用效率为创意对象,进行创意发散思维思考,找到创意突破点的创意设计。提高效率的直接途径就是缩短时间,减少相同工作量消耗的工作时间。人们完成一个任务的时间包括有效工作时间和无效工作时间。提高效率的方法一是提高有效工作时间的工作效率，二是减少无效工作时间。

撇开用户的个体差异不谈，提高有效工作时间的主要途径是改进已有产品的工作效率，这需要科技和先进技术的扶持，涉及产品的创造性设计。造成无效工作时间的原因主要有三种：一是产品本身可用性的问题；二是行为规划导致的无效时间增加；三是行为环境导致的无效时间增加。第一种原因的创意设计改进是针对产品可用性的设计。第二种原因的创意设计改进是针对产品使用行为规划的设计，也属于产品可用性的设计。第三种原因的创意设计则是针对行为环境规划的产品功能设计。所以说，生活效率创意针对的是产品功能和产品交互。如一款专用百叶窗清洗器，产品采用三个片形刷头，每个刷头有两个面，每动一下就可完成6个面的清洗，在减少无效时间的同时提高了效率。

（三）生活品质创意设计

生活品质创意是针对生活质量、生活内涵和健康生活三方面的创意。针对生活质量创意，对于文化创意产品设计来说，就是通过生活产品的外观、质量和工艺等感官要素体现高品质的创意设计；针对生活内涵创意，则要求提升生活产品的文化性、艺术性和社会性等人文因素；生活品质的追求针对的是生活产品和生活环境的健康程度，这类以健康生活为目标的创意设计同样是生活品质创意的一个内容。如戴森公司设计的"空穴来风"电风扇，利用空气动力学的原理进行吹风，免去了风扇的扇叶结构，提高了产品的安全性，对于家中有幼儿和行动不便的老人等用户，这款风扇的设计格外具有诱惑力。该产品的创意设计跳出了电风扇一定有扇叶的思维定式，体现了设计的新奇特感觉，让用户在享受生活品质的同时，拥有新的体验，丰富了生活情趣。

（四）生活方式创意设计

生活方式决定了人们需求什么样的产品，为什么需要这些产品以及如何使用这些产品等，这些都是设计师的设计之源。产品创意设计一方面要挖掘现有的生活方式和形式，除了考虑美学的因素、关注人们的生理和心理需求之外，还要注意人们的行为和生活形态，从中获取灵感和设计源泉，这样的设计才能真正满足消费者的生活需要；另一方面，也要积极设计新的生活方式和形式，引领新的用户体验。如屏风柜设计，顾名思义，是可以作为屏风使用的衣柜。

第二节　文化创意产品设计的创新与反思

一、文化创意产品设计的创新

创新一词已经为人熟知，当下中国的经济、社会、文化、科技等各个领域都在进行不同内容、层次的创新。创新在产品设计领域中的推进，对提升企业自主创新能力，改变工业相对落后，解决产品"山寨"问题有着极其重要的意义。

产品创新设计以设计出满足消费者需求、创造商业价值、维护社会伦理道德的新型产品为目标，需要综合考虑与设计相关的多方面因素，来达成产品的创新设计。面对中国当下日趋多元化、复杂化的市场环境和用户需求，进行产品创新设计并非易事，需要好的方法来支撑创新目标的实现。

（一）感官要素创意设计

感官要素创意是针对产品的视觉、听觉、触觉、嗅觉、味觉五感进行的创意设计。文化创意产品的感官要素创意设计的目的是让人在接触产品的第一时间感受到产品的奇特创意，让人有一种意料之外而又在情理之中的感觉。这就要求设计创意范畴突破固有的思维定式，最直接有效的办法是将各种可能性综合，试图将不相干的东西逐步推进到一个组合体中，产生奇特的感官创意。创意思维过程如图7-3所示。与这种思维对应的创意方法主要有维度转化、视觉错位和概念置换三种。

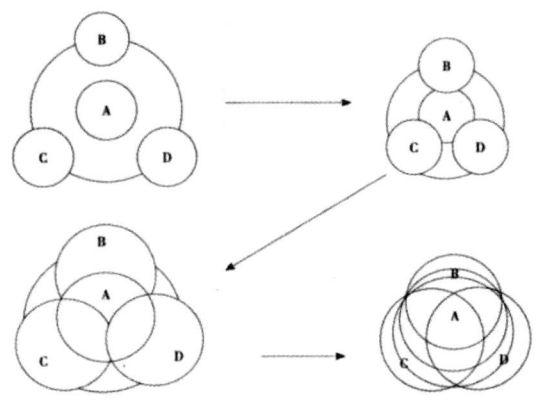

图 7-3　创意思维过程

1. 维度转化

维度转化是通过二维图形与三维立体之间的相互转化的方式创作创意产

品。具体分为立体化和平面化两类。立体化是指二维图形通过拉伸与旋转、折叠等方式形成三维立体形态。平面化是将固有的三维形态进行提取轮廓、线框、剪影等进行平面化。总之，就是将我们惯常认为是平面的东西立体化，在思维定式中是立体的产品平面化，通过这样的转化给人奇特的感觉。如折叠太阳能灯笼，体积小巧，折叠后可以轻松放入口袋中。设计师利用维度转化的设计方法对灯具进行创意设计，使灯具折叠起来时的造型趋于平面，这和常见灯具的立体形态相差很远，给设计增添了奇特感，同时达到了体积小巧、方便携带的目的。

2. 视觉错位

视觉错位是利用视觉本身的一些特性，导致视觉错位，从而对产品造型进行创意设计。利用视觉上的错位，在产品的新形态和人们固有印象之间发生冲撞、联想和联系，从而给人以新奇的感觉，达到创意设计的目的。具体的表现手法是通过视觉形态外延的相互进入，使两种或多种物品相联系，包括痕迹、滴落、漂浮、揭示内部、打破平衡等应用方式。如图7-4所示的是一款利用视觉错位设计方法引起奇特感觉的创意台灯。台灯的灯座部分模仿倒出的水的形态，在视觉上让人以为形似杯子的灯罩内依然有水，使杯子看似悬浮在空中，被"倒出"的"水"所支撑，给用户带来了奇特的感觉。观察这个产品可以发现，这种创意设计方法主要是利用视觉形象上的"欺骗"给用户带来奇特有趣的感觉。

图 7-4　倒水创意台灯

3. 概念置换

概念置换是通过改变原有产品的某些约定俗成的概念，将其与其他某种产品的固有概念相结合，创造出产品的新奇特感觉。如果说"维度转化"和"视觉错位"是针对视觉体验元素的设计方法,"概念置换"则是普遍运用五感要素的设计方法。设计师可以通过声音的置换、味道的置换、材质的置换对其余几种感官要素进行创意设计。如捶击时会发出玻璃破碎声音的发泄锤子,是利用声音的置换进行创意设计,给生活增添了新奇的色彩。如"一摸了然"饮料包,传统的光滑饮料包装材质被触觉酷似饮料口味水果表皮的材质所置换,包装的设计从颜色到触觉都和真正的水果相同,为饮料包装的设计带来了惊喜和奇特感。

概念置换这一设计方法除了材料的置换以外,还可应用体量的置换、色彩的置换、功能的置换、造型的置换以及产品多层次文化底蕴的置换等多种方式。

(二)功能机构要素创意设计

功能机构要素创意指的是针对产品功能、产品结构、产品机构进行的创意设计。涉及文化创意产品的创意设计,更多的是针对产品功能的创意。功能机构要素的创意设计有三种常用的创意方法。

1. 功能转化

功能转化是指通过改变产品的原有功能和用法进行创意设计,包括功能叠加、功能拆分、功能置换和功能剥离四种转化方式。

功能叠加,顾名思义是把多种功能合为一体。而文化创意产品的多功能合一,往往是把不相关的功能集中到一个产品中去,并配以适当的感官要素进行创意设计,以此种方式来实现"奇特"二字。

功能拆分是将产品原有功能拆分成更细节的多种功能,从而使产品成为一种多功能的产品。如瑞士军刀的设计就是如此,设计师将刀子切割的功能范围扩大,然后设计出多种可能性,划分成多种产品功能,再将它们结合成以多功能著称的刀具。

功能置换,简单说就是"挂羊头卖狗肉"的设计,当然这是一种比喻。这种设计方法强调产品的外形和功能的差异,从而给用户奇特的感觉。如图7-5所示是一款仿真镜头杯,1∶1比例制成的仿真尼康镜头咖啡杯毫无破绽,各个细节都一模一样。然而,它却是一个咖啡杯,配上尼康的镜头杯盖后更能以假乱真。该设计将镜头的功能与咖啡杯置换,却保留了镜头原有的形态,为咖啡杯增添了意想不到的情趣。

图 7-5 仿真镜头杯

功能剥离，即将有具体使用功能的产品剥离它们的使用功能，使它们只具有装饰功能，这也是一种产品创意设计的方法。

2. 功能再细化

功能再细化是针对产品的使用功能进行进一步细化的一种设计方式。功能再细化，一方面是为了提高工作效率。"工欲善其事，必先利其器"，为某一工作量身定做的工具针对该工作的特点设定，必定更为方便实用。如常见的专门切苹果、剥橙子的工具，就是将水果刀这个常见的家用产品进行了功能再细化，方便操作的同时，提高了工作效率。功能再细化，另一方面也是为了达到更加人性化、情趣化、富有新奇功能的效果。如一款专门为浸泡大块曲奇而设计的牛奶杯，也许它不一定是必备的产品，但是对于乐于此事的人这不能不说是一种人性关怀和生活乐趣。

3. 功能创新

功能创新是针对使用功能进行突破性的创造性设计。设计周期较长，设计创意的成本较大，风险性较高。当然，可以通过购买专利的方法进行功能创新设计，将发明家发明的专利进行感官要素的设计，改良专利的人机性、可用性等方面，进行周期较短的文化创意产品开发设计。

（三）使用交互要素创意设计

使用交互要素创意是针对产品功能的可用性、易用性以及产品交互体验的愉悦性方面进行的创意设计。可以将创意集中于三点：（1）创意奇特使用方式；（2）创意提升交互愉悦性；（3）创意提高工作效率。

1. 创意奇特使用方式

针对使用方式的奇特创意意在改变产品惯有的操作方式和工作方式，从而带给用户奇特的感觉。如具有融合创意的盘子，将人们最常用的陶与木质相结合，以陶作为内部结构，木质做外部结构，在不失去木质原有的特色中加入陶。

这种创意的最好实例就是手机的演变，手机从直板、翻盖、滑盖、旋转到现在的触摸，经历了多次操作方式的巨变。在手机其他性能没有突破的时候，设计师就会从操作方式下手给用户全新体验，促进消费。iPhone 手机是一款深受年轻人喜爱的手机，它的出现为移动通话市场带来了巨大的创新，对于这款手机的奇特创意屡见不鲜。一款将 iPhone 手机转化成座机的创意 iPhone 电话基座设计，满足了现代人对复古座机的需求的同时也是对 iPhone 手机使用方式的一个奇特创意。这款创意 iPhone 电话基座包含充电、数据传输、立体音箱等多项功能。只要将接口连通，有来电的时候，音箱便会将 iPhone 铃声放大，用户还可以直接使用电话话筒与对方通话，十分方便。

2. 创意提升交互愉悦性

针对提升交互愉悦性的创意则是注重产品交互过程的顺利和在交互过程中所产生的愉快感情。这类设计除了注重产品交互的顺利，更将一种操作的享受和完成的快感作为设计的创意出发点。这种设计创意做得最好的莫过于电脑游戏的设计，用户在每次成功通过一关时都会得到精神上的自我满足，激励用户继续探索。如能演奏乐曲的酒瓶，瓶身上印刷有五线谱和音调，当将酒喝至标注的位置时，向瓶口吹气，酒瓶就会发出相应的乐声。貌似平凡的酒瓶在使用的过程中可以给用户带来意想不到的娱乐效果。

3. 创意提高工作效率

针对提高工作效率的创意设计，是通过对使用方法或使用环境的改进或创新提高工作效率。如泡茶这一日常行为，可简要分为洗茶杯—放茶叶—煮开水—泡茶四步，前三步为准备阶段，泡茶为最后结果。以煮开水—洗茶杯—放茶叶这样的顺序操作就比洗茶杯—放茶叶—煮开水的顺序节省了一部分的等待时间，从而提高了操作效率。

使用交互创意设计方法的核心就是通过分析用户使用行为，对产品进行改良或创新设计。常用的设计方法分为以用户为中心的设计和以行为为中心的设计两种。以用户为中心的设计主要关注用户需求和目标，由用户引导设计，设计师通过转化用户需求和目标进行产品创意设计。而以行为为中心的设计，主要关注产品需要完成的任务和行动，以用户的执行行动为研究对象，设计师通过为行为创造工具的思路进行产品创意设计。将以行为为中心的设计研究和创新思维相结合就可以得到新的创意设计方法，这种创意方法主要体现为两大类：一类着重体现在使用情境的创新上；另一类着重体现在具体操作方式的创新上。

如一款套在笔上使用的直线绘图辅助器，不但可以辅助使用者快速方便地画直线，还能准确测量出所画的距离。简单的小创意提高了使用者画直线的效率，简化了操作，节省了时间。

（四）情感趣味要素创意设计

情感趣味要素创意是为了满足消费者对产品情感要素和趣味要素的需求而进行的创意设计。文化创意产品情感趣味要素创意主要将设计的重点集中在对消费者使用情感和生活情趣的创意上，力求通过设计实现情感上的共鸣。

1. 情感补偿创意

情感补偿创意是针对情感缺失进行设计，给用户以情感慰藉。这种设计有一个形象的名字——"疗伤系"设计。设计思路是针对用户的心理需求进行调查，用抽象简短的词语将情感描述出来。对每一个词语进行联想，将它们具体化和实体化，并选择可能的构想，通过造型设计和功能设计满足用户的心理需求。无印良品出品的创意疗伤系小产品梵音天使心，钢制的桃心内收藏滚珠，使用时只需放松心情，用手心握住，轻轻摇晃，它的钢心便会发出清澈的钟声，帮助使用者舒缓紧张情绪。

2. 情感发泄创意

情感发泄创意是为了释放压抑的情感而进行的创意设计，通过情感的宣泄满足用户的心理需求。这种设计的思路和情感补偿大同小异，关键在于将抽象的概念具体化。具体化的方式有以下两种。

一种方式是创造设计一种产品专门用来发泄，这类产品需要具备两种性质：一是用户在使用产品进行发泄的时候，能表现出被破坏和毁灭的感官特性，如在形态和声音等方面显示出承受重创的反应；二是产品可以反复使用，在满足用户多次发泄欲望的同时，也体现出产品持久存在的特性。

另一种方式是借助其他产品来满足用户的发泄欲望，也就是将一种产品的功能移花接木为另一产品的附加功能。这种设计可以选择产品的外包装，或者产品使用后的废弃物等可摧毁的东西作为设计对象，进行毁坏方式的设计。设计师可以夸张化产品被毁坏的感官效果，从而满足用户心理。如一款 CD 包装，由马铃薯淀粉制成，质地较脆，将 CD 整个包裹起来，没有一丝缝隙，想要拿到里面的 CD，就要动用武力。一拳打下去，包装碎裂开，可以帮助用户适当缓解郁闷情绪。这款包装是设计师针对有排遣郁闷情感需求的用户设计的创意家居产品。

3. 趣味创意设计

趣味创意设计常运用的设计方法：仿生设计、拟人化设计和卡通化设计。通过仿生设计方法设计的产品极具观赏与趣味性。通过对常用家居产品的形态拟人化处理，可增强产品的情趣性，给用户带来亲切感。卡通化设计是通过应用卡通形式进行家居产品创意设计，包括形态卡通化、色彩卡通图案化和卡通系列化等多种设计方法。

卡通系列化包括两类：一类是同一卡通形象的系列化产品；另一类是卡通连环画形式的系列化设计，这类设计方法多用于产品色彩图案填充中。卡通系列化的设计方法在达到趣味设计的同时，还可激励用户继续购买下一个系列卡通产品。特别值得提出的是，产品的声音设计和产品的气味设计对产品的趣味创意设计也起着很大的作用。

（五）社会文化要素创意设计

社会文化要素创意包括针对社会环境、文化需求、生态环境、时尚潮流等方面的创意。社会文化要素的创意，主要是一种主题性质的创意，以某一社会文化主题为创意出发点，进行发散创意，这样的创意和市场上产品的创意有很大差距。对于文化创意产品的社会文化要素的创意，是通过产品的某些特点表现这种社会文化要素，使产品本身体现出一种文化的气息。即在产品的感官设计和功能设计中融入社会文化要素，常见的是创意复古风、创意民俗风等。此外，绿色设计、环保设计也是这类要素设计创意的方向。如美国设计公司 Lamplabs 设计的"晚五朝九"创意壁钟（如图7-6所示），整个挂钟的数字只显示了下午5点到晚上9点的时刻。挂钟初看造型奇特，富有创意，实际上它寓意了上班族每天除了工作时间和睡觉时间外，只有这4个小时才是真正可以自由支配的有效个人时间，是对上班族朝九晚五的社会文化要素的创意，同时在情感上也能使用户产生共鸣，并有着深刻的寓意。

图7-6 "晚五朝九"创意壁钟

（六）自我性格要素创意设计

自我性格要素创意是针对消费者日益明显的个性化、独特化需求进行的创意设计。通过对自我性格要素进行创意设计，体现设计的奇特感觉。这种创意是针对部分追求自我个性的消费者的，设计的用户定位和用户需求分析成了这一创意设计的最重要任务。只有准确地确定用户的需求，才能满足用户，设计出用户需要的创意设计产品。当下自我性格要素创意涉及的主要设计方式包括怪诞设计、个性化设计和 DIY 设计三种。

1. 怪诞设计

怪诞设计的产品也称作"恶搞"产品。这类产品一开始是专门针对愚人节设计的整人产品，现在已经广为流行，不单是恶搞他人的专用工具，还包括一些常见的拥有奇特情感的礼品和生活用品。此外，以运用幽默方式解决问题为创意的文化创意产品也是怪诞设计中的一类典型产品。这类产品的关键设计点不在于问题解决与否，其运用的幽默手段才是设计的亮点。这类产品运用一种轻松的方式面对生活中或大或小的问题，使消费者在产品的感染下能够以轻松的态度面对生活中的各类问题，在给消费者文化创意感觉的同时，帮助消费者改变思考方式和生活方式。如一款占座油漆刷，如图 7-7 所示，看起来似乎是没有干的油漆和油漆刷，其实只是橡胶材质的占座工具。设计师用一种幽默的方式解决了占座问题，这款占座油漆刷的意义远不止是否能起到占座的作用，它更是幽默而富有情趣的生活方式的体现。

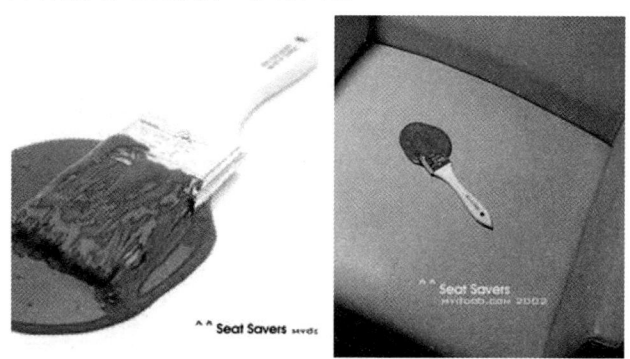

图 7-7　占座油漆刷

2. 个性化设计

定制式设计是个性化设计的常用表现形式，比较常见的是设计师提供设计的元素，由消费者根据自己的意愿选择搭配组合产品，采用的设计方法是模块化设计方法。还有以互动形式出现的设计方法也是个性化设计的一种新兴的设计方法,被称为"互动性设计"。设计师邀请消费者一起参与设计,消费者可提供设计参考意见或者选择设计方案。这种设计方法一开始被用在软件产品的界面设计上,现在也开始慢慢进入日常生活用品的创意设计中。采用这种设计方法所设计的产品设计费用偏高,市场比较集中,属于高端生活产品。

3. DIY 设计

DIY 设计是体现产品独一无二性的最好途径。文化创意产品的 DIY 设计有两个方向:手工制品和 DIY 设计。

手工制品如同针织品中的机织和人工编织一样,这类产品也有纯手工制作和机器批量生产之分。在现代化的今天,手工制品一直没有消失而是渐渐变成一种高品质的象征,最大的原因就在于这种手工制品的独一无二性。当然,这种产品往往也是单价偏高的高端生活产品。DIY 设计是将产品设计成需要消费者来自己组装的产品形式的一种设计方法。该设计方法起源于 IKEA 家居设计,现在正被慢慢应用到多类产品创意设计中。设计师将 DIY 的设计理念引入常规的产品设计中,产品被设计成可装拆的模块化组件,用户可根据自己的喜好随意拼装产品。DIY 设计体现 DIY 思想和产品的独一无二性的同时,也在产品组装中给予用户一种成功的喜悦情感,并且降低了产品的生产成本和运输成本等。

二、文化创意产品设计的反思

产品的创意设计绝非偶然,而是一个循序渐进的过程。培养产品创意设计的灵感的过程其实是一个漫长的过程,这个过程需要好的心态和思维去学习,而不是临时的拿来主义。

(一)应尊重真实自然,以真为美

设计围绕"人—产品—环境"的关系进行,目的是处理好三者之间的关系。设计的产品不仅在于实用,同时注重把物体的美、情感与自然相结合,通过设计唤醒人的真实情感,使人的身心得到最大限度的舒展和放松。设计不仅是设计产品本身,而是通过对其使用过程表达一种平衡、一种美好、一种气氛、一种愉快。

在创意设计的过程中,人是向往自由的,愿如鸟一般翱翔,如鱼一般飞跃,人又是向往自然的,在拥抱自然的时候,在每一个人的细胞里都存在默契的兴奋。所以,设计应打破现有的由于物质、社会、竞争等的搅扰而被动的习惯,回归到本性的、自由的、情感的自然元素当中去体验人与自然的和谐。比如,过去人的洗浴习惯是被动的,但现在我们要抓住水与自然之间的关系,把洗浴想象成淋雨,想象成在瀑布中呼吸,想象成在水中嬉戏,然后去指导洗浴产品设计。又如,我们设计的不是加热器而是一种温暖,设计的不是灯而是光明,设计的不是床而是一种睡眠方式,设计的不是电扇而是自然环境中的习习清风。

这样设计与自然之间就更加紧密地联系在一起,并促使人的内心深处的情感迸发出来与自然融合在一起,进而达到产品设计真正的目的。

1. 从自然形态中汲取产品的设计创意营养

人是自然界中的生物物种之一,在与自然界的接触中会同形形色色的动物或植物产生共鸣。仿生设计学的主要研究内容就是研究人与自然的共生,研究生物体和自然界物质存在的外部形态及其象征寓意、功能原理、内部结构等的科学。

在设计中经常通过形态的仿生将作品形象的、生动的、趣味的、亲和的内容塑造出来,通过反映事物独特的本质属性、语义的象征将人、产品和自然统一起来。整个过程是一种哲学构建,表达了物体的理念内涵。比如,北欧的艺术家从浪漫主义中汲取灵感。北国的冬天到处充满着形象与形状,冰雪的透明感本身就是大自然里让人叹为观止的艺术品。冬日的大地看似静止,却也因为光线与湿气充满细微变化,让人从中感受到了美的线条与意象。新时代的设计师便带着这些思考将作品潜移默化地引入生活,将产品的特有形态作为一种外在的设计语言和设计思想理念的物质载体,向消费者传达某种信息,促使他们产生某种特定的情感和情绪。著名芬兰设计师哈里·科斯基宁设计的冰块灯,让人想到冰灯是寒冬北方的特色,家家户户都会在冬天制作冰灯的生活氛围。运用仿生思维进行设计,抓住事物的本质,不仅能创造功能完善、结构合理、工艺精良、造型美观的产品,还能赋予产品内在生命的象征。工业设计师要学会师法自然的仿生设计思维,创造人、自然与产品和谐共生的对话平台,让设计从自然中诞生。泰国全球家具设计竞赛的获奖作品《"椅脉相承"椅子》,其设计的灵感来源于自然中的叶子,设计师提取叶脉作为设计的创作元素,将其赋予椅子结构之中。整体采用中空的管状结构,模仿叶脉纹理相互连接、交织。使用者从椅子支腿处注入彩色墨汁,墨汁顺着管道流淌,遍及整个椅面。通过灌注不同色彩的墨汁来改变椅子的整体颜色。用户可以根据心情、季节、家居环境等选择相适应的色彩,绿的春叶、黄的秋叶、红的枫叶……增添家居空间的自然气息。这类设计生动巧妙,力求提供给用户一个美好的坐的体验。

2. 从人类自然行为中汲取产品的设计创意营养

现在，设计的目的不再只是将其基本的功能作为唯一目标，而是通过将某种新的价值附加到产品的设计中，丰富产品的内涵，提升它的实用和精神价值。这就意味着在每一次的设计实践中都应该将人的内在需求作为设计的目标，考虑以某种合理的方式融合到产品的功能和结构中，而不是狂热地追求物质的、技术的、形式的表面存在。

设计应站在人与自然和谐关系的高度，不能局限在审美和实用的范畴内，应体现人的内心深处的渴求，上升到探讨人与物的哲学关系，是一种设计思想的升华。现在很多企业都建立了人因生活实验室，研究人的生活、人的本质特征、人的情感等，并把这一切转换成设计符号，建立人的行为资料库，进而依据资料设计产品，把产品提升到一个新的、更能产生共鸣的、更贴切、更默契的品质层次。

比如，花洒设计，打破了我们原有的对淋浴的认知习惯：从某种角度看，仅将淋浴作为一种被动的行为活动。如果融入自然情感让你重温儿时对水的好奇和淋雨的感觉，就会拓宽产品设计的创意思路和提升产品设计的品质价值。我们想象一下，水＋空气＝天然落雨。将空气注入技术融入模仿天然落雨效果中，当水旋转、运动、飘落，且在流动时携带了大量空气时，才可仿真天然的落雨效果。这种天然的空气注入原理就是飞雨头顶花洒的基础。空气被吸入花洒头中，然后以 3∶1 的比例与水混合。花洒头中的气泡打断了直线式的花洒出水方式，形成了成千上万个像珍珠似的大水滴，并产生了天然落雨的声音。另外，在喷洒模式上体验雨淋，轻柔的雨淋会带来爱抚的感觉，也可以产生按摩和让人振奋的效果。再在花洒上配制模式转换器，可形成柔和的雨淋式出水和混合式出水。还能轻松调节不同的多种喷淋方式，从轻柔大面积的顶式喷淋到强劲的按摩喷淋，到音乐节奏喷淋。这样，人在淋浴中的行为活动被极大地丰富起来，我们可以主动追求享受被春雨滋润的感觉，可以享受瀑布似的大面积喷洒的感觉，可以享受音乐韵律的快感。

又如，《餐饮文化之果盘设计》的整个设计，打破了以往一味追求形式美的立体造型构成，或是单一造型仿生，或是追求功能主义的果盘设计思路，从人的本性、人的向往和回归着手，突破容器的原始特征，寻求一种新的体验过程。通过附着在有弹性的像"树"一样的主体上的"叶子"把水果抓住，并半隐藏入"树"中，形成水果长在树上的外观形态。人在取水果时，变成模仿人们"采摘"水果的行为和体验方式。这种回归自然、回归劳动的表达方式，自然亲切，深入人心。

当今，节能减排已成为全球最为关注的焦点和主题。在韩国仁川举办的"Green life"全球设计大赛中的获奖作品《旋转手机设计》，其设计创意主要是观察到人们经常在休闲或聚精会神的时候习惯对拿在手中的器物做有规律的"小动作"，如以手指旋转或者拨动等方式"玩耍"小物品，这种"习惯"是人本身的能源的释放，是主动的行为，在行为的同时储存能量，可将动能转换为电能。这样，手机不用电池转转就有电了。这便是抓住了人的自然行为中的习惯动作，从中寻找创意设计灵感。

3. 从人的自然情感中汲取产品设计创意营养

情感是人类对于外界刺激做出的一种本能反应，它对人们的生活、思维等方面能够产生很大的影响，并在一定程度上决定人们的行为方式。在与外界环境交流时，人们会产生两种反应和感性体验，即消极情感和积极情感，其中，积极的情感体验对于人们的生活有着重要的意义，所以当代设计师要努力挖掘人对于产品产生的正面的情感体验，最终实现产品的商业价值和文化价值。设计师将情感赋予产品，当消费者与它发生关系时，会通过对它的感受以及与过去类似经验进行的搜索和比较，然后经过对自己的需要和体验所进行的分析等一系列复杂的认知过程，形成对产品的感性认识，进而产生情感的回应。这些情感回应将会回馈和应用到设计师的再设计中。由此可见，设计中引发的生活情感是一种由设计师到产品再到消费者的不断循环的交流过程。

人类的生存离不开形形色色的各类物体，物体是有着真实质感、能被触知的，很多人便希望设计师能尽快设计出感觉型的标识。为此，设计师在设计产品时，通过视觉、听觉、触觉、嗅觉等感知方式传达产品信息，使人们在更多方面和层次的知觉体验中感受到愉悦。利用感官特性设计的产品形象更加丰富，更具吸引力和时尚魅力，更容易引起人们心理情感的变化。在当今情感匮乏的社会中，在人们对自然本性的迫切愿望中，设计师应该将设计作为人们情感表达和交流的一种依托，努力提高情感化的设计品质，营造良好的社会环境，让人们在设计的背后得到更多关爱与呵护。

4. 从自然材料中汲取产品的设计创意营养

人们追求轻松自然的生活，在设计中追求天然材料，维护生态平衡的消费时尚日益盛行。顺应世界发展，迈向绿色设计时代，低碳就是现在最经典的名词。绿色设计源于人们对于现代技术文化所引起的环境及生态破坏的反思，体现了设计师的道德和社会责任心的回归。成功的"绿色设计"的产品来自设计师对环境问题的高度关注，是设计师在设计和开发过程中自身经验和知识的创造性结晶。设计主题和发展趋势围绕绿色设计的理念和方法，以节约资源和保护环境为宗旨，它强调保护自然生态，充分利用资源，以人为本，善待环境。它的第一步便是材料的选择。绿色材料是指在满足一般功能要求的前提下，具有良好的环境兼容性的材料。绿色材料在置备、使用以及使用后回收或再生等生命周期的各阶段都具有最大的资源利用率和最小的环境影响。

在创意设计过程中，应运用现代的艺术表达方式，将原生态材料的性质表现出来。比如，在产品创意设计过程中，很多产品可以以竹子作为主导外壳材料。竹材相较于生长周期漫长的木材而言，是一种非常难得的天然绿色材料。竹子具有生命周期短、生长快速和利于回收的特性，3至4年就可成材，且一根竹子可繁殖出200株竹子，这对于环境恶化、天然林存量甚低的我国来说很值得开采、利用。

（二）应尊重科学，在自然规律中寻找产品的设计创意

生活中有很多事物的美妙之处需要我们去发现。我们要观察自然，揭示自然界发生的现象和过程的实质，进而把握这些现象和过程的规律性，通过对大自然中的物理现象、化学现象、生命现象等的研究、探索，寻找设计创意灵感。可以利用雨水或是形成的冷凝水创意设计一些产品。比如，利用物理中的光的反射和折射创意设计一些产品。比如，德国红点奖设计作品 *The intelligent window* 智能窗设计围绕人对大自然的眷恋，通过多重形式将雨、雾、雪、森林的景象在窗户上表现出来。你是否在万里晴空的天气里，憧憬着度过浪漫的雨天？在酷暑的季节里，幻想着生活在凉爽的秋天和银装素裹的冬天？又或者在城市的喧嚣和快节奏的生活中，越来越向往清新的自然？那么这个窗户设计，便能使你在足不出户的情况下，主动地去感受森林的芳香，感受绵雨的静息……感受大自然的意境。它能够通过特殊的装置，使单调的室内环境丰富化，在双层的玻璃之间，可以在底部装置的控制下，形成雨水、冰花等，形成不同季节和天气的视觉效果。此外，该装置会依据用户选择的效果，释放相对应的空气分子和相应的音响效果，从听觉和嗅觉上，使模拟的环境更加逼真，从而使用户全方位地体验自然环境和氛围。

参考文献

[1] 皮永生,童沁,周正芳媛. 文化创意产品解读与欣赏 [M]. 重庆：西南师范大学出版社，2014.

[2] 杨静. 文创产品设计与开发 [M]. 长春：吉林美术出版社，2019.

[3] 朱炜. 美学经济时代下文化产品设计创新研究 [M]. 成都：电子科技大学出版社，2016.

[4] 孙楠. 文化软实力视阈下的创意产品 [M]. 长春：东北师范大学出版社，2018.

[5] 林明华,杨永忠. 创意产品开发模式：以文化创意助推中国创造 [M]. 北京：经济管理出版社，2014.

[6] 陈凌云. 博物馆文化创意产品开发研究 [M]. 上海：上海社会科学院出版社，2019.

[7] 张颖娉. 体验经济下的苏州文化创意旅游产品设计研究 [J]. 工业设计，2019（5）：88-90.

[8] 王绯. 体验经济时代的文化创意设计发展探究 [J]. 中国包装，2019(4)：28-32.

[9] 张旭芳. 论用户体验与文化创意品牌衍生品设计的关系 [J]. 品牌研究，2020（7）：130-132.

[10] 钱晨,樊传果. 体验经济下的博物馆文化创意产品设计 [J]. 大众文艺，2019（13）：139-140.

[11] 杨思凝. 体验经济背景下包头市文化创意产品设计研究 [J]. 艺术品鉴，2014（12）：5.

[12] 白璐. 浅析体验经济下创意文化艺术设计 [J]. 经济研究导刊,2017(10)：29-31.

[13] 陈守明. 文化创意产业背景下非物质文化遗产的体验设计研究 [J]. 湖

南包装，2019（2）：24-26.

[14] 王玉娇. 基于消费者情感体验的文化创意产品设计研究 [J]. 艺术品鉴，2019（23）：280-281.

[15] 林采霖. 中国旅游的文化创意设计理念与再造策略 [D]. 北京：清华大学，2005.

[16] 程志鹏. 基于用户体验的文化创意产品设计研究 [D]. 上海：华东理工大学，2016.

[17] 杨慧子. 非物质文化遗产与文化创意产品设计 [D]. 北京：中国艺术研究院，2017.

[18] 包德福. 基于文化意象的产品设计方法研究 [D]. 杭州：浙江大学，2017.